四川军政府
壹圆银币研究

SICHUAN JUN ZHENGFU YIYUAN YINBI YANJIU

蔡宁 岳军／主编

巴蜀书社

《中国金融·货币丛书》
编委会

名誉主任
徐世群　韩邦彦　肖明惠　阎振堂

顾　问
蒋先继　李之侠　侯水平　孙家水　孔凡胜

主　任
熊建秋

副主任
吴高全　李　可

办公室主任
文维虎　张　凡

编　委
张建新　罗　望　缪明杨　李　铁　巴家云　唐　平
刘　刚　王天贵　李　刚　王仕文　杨　源　贺朋春
刘正田　阎登发　周明贵　黄　竹　蔡　宁　董更生
刘　阳　刘　渝　周建会　顾春天　李先平

候补编委
王长伟

川版
四川军政府壹圆银币研究
编委会

主　编

蔡　宁

副主编

蔡雨蔓　潘　忠　袁宇宾

编　委

唐　平　兰　森　王　明　谭俊丰　叶嘉棉　张根瑞
吴雪峰　傅为正　孙　敏　伍海燕　钟　迅　晏　波
李永强　李　光　任　杰　李　建　谈　亮　江宏耕
潘继明　潘巧雯　崔　灏　魏建国

目 录

前　言 001

一　荣誉版之一
中华民国二年版、中华民国三年版 005

二　荣誉版之二
川西、川北、川东分水汉版、川北羊角汉版、苏区19圈旺苍版 007

三　各防区造币厂版 010
（一）赤水川版　赤水造币厂版 010
（二）合江川版　合江造币厂版 023
（三）向造川版　青岗坝造币厂版 033
（四）合川州版　合川造币厂版 043
（五）雅版　刘文辉造币厂 048
（六）两点造版　四川兵工厂版 057
（七）军阀仿成都圆口国　刘成勋造 068
（八）肥川　刘存厚造币厂 075
（九）走之造　遂宁第二造币厂 091

（十）斜造　遂宁造币厂 099
（十一）萝卜四　南充铜元局等 103
（十二）军阀走之造　南充铜元局 110
（十三）斜告　汉州造币厂版 115
（十四）分点银 124
（十五）义国 130
（十六）直水汉 133
（十七）双飞汉 138
（十八）圆头汉 142
（十九）小圈　田颂尧造币厂 145
（二十）重庆版　重庆铜元局版 157
（二十一）名誉版 187
（二十二）点民无点国版 202
（二十三）点国点民版 204
（二十四）点国无点民版 218
（二十五）国民无点版 227
（二十六）铜银币版 234
（二十七）苏区仿币版　川陕省苏维埃政府造币厂 241
（二十八）湘鄂川黔版 261
（二十九）厂版（补充）　成都造币厂 265
（三十）现代真银假币版 278

四　造币厂 281

参考资料 295
后　记 300

前　言

《四川军政府壹圆银币版别图录》自2011年出版至今已经8年了，对四川军政府壹圆银币收藏和研究起了很好的奠基、引导、推动和整理作用，被收藏界视为教科书式的书籍，是四川银币研究的一个里程碑。

由于当时《四川军政府壹圆银币版别图录》成书时间紧迫仓促，导致版式不全。《四川军政府壹圆银币版别图录》主要以研究为主，对银币的收藏指导性不强。其中对成都厂版研究过详，而忽略军阀版的细分。加之许多前沿理论还没有为大家接受，而单独以研究资料附书赠送。近年来，经过本协会同仁和川渝四川军政府壹圆银币爱好者共同努力，终于完善了版别。笔者北上川陕苏区腹地得汉城坡造币厂和任家坪造币厂遗址，南下周西成赤水造币厂和合江中学原造币厂遗址，东到万州和重庆铜元局遗址，西入雅安富林和都江堰灌县造币厂遗址，走遍几乎所有有记载的军阀造币厂遗址，进行考证，拍摄大量照片。同时查遍所有当年大四川（含西康省）的县级图书馆和所有县（市）地方志，翻阅无数有关回忆录和文史资料丛书，多次甄别与考证，最后终于锤炼出《四川军政府壹圆银币版别图录》续集——《川版》。

《四川军政府壹圆银币版别图录》以厂版为主，简单介绍了军阀版；《川版》以军阀版为主，补充完善了厂版，故称为《四川军政府壹圆银币版别图录》续集。

川版是"大四川"特有的，面值为壹圆，是四川军政府壹圆银质货币的简称，为民国四大银币之一。开铸时间始于1912年2月，早于孙中山小头、袁大头、帆船，故又称民国四大银币之首。开始时由辛亥革命时期成立的四川军政府颁发，属于地方性银币。虽然后来名义上由"中央"财政部控制，实际上却由不同的地方军阀掌控，开始流通于四川（含重庆）及其周边受四川军政府控制的地区，后来全国流通（折扣）。因其币背后铭文"四川银币"故称为川版；由于其正面有一个大的篆文"漢"字，也称为四川汉字银圆。与之对应的前期生产的是清朝光绪、宣统时期生产的龙版，称为川龙。川版的生产线和生产技术均是清朝四川洋务运动时期从美国新泽西州和费城造币厂引进的。

川版有广义和狭义之分。广义川版泛指四川造币厂生产的一切金属币种，可以纵横古今，覆盖川渝黔康湘陕甘边。从金属类别上，可分为金、银、铜、铁、锡、铅、锌等；从种类上，可分为龙版、汉版、四川卢比、马兰等；从面值上，可分为壹圆、五角、二角、一角、大200文、小200文、100文、50文等；从产地上，可分成都造币厂版、重庆铜元局版、南充铜元局版、达县罗江口造币厂版、赤水造币厂版、巴中东岳庙造币厂版、合江川主庙造币厂版、广安大良城造币厂版等，甚至连江油中坝五凤楼银楼都设厂造币等；从时间上，有一九四九年后的川造袁大头、近代川造帆船和孙小头，有清朝的川龙和卢比；网络上甚至还将四川生产的小钱也称为川版。因此，咬文嚼字的川版范畴泛指非常广。

狭义川版特指四川军政府壹圆银币。银圆时代，习惯上称四川军政府壹圆银币为"川版"，称五角为"厂版"，称二角、一角为"角币"，称川龙为"龙版"，称四川卢比为"藏洋"。现在的收藏界对于四川军政府壹圆银币的称呼一般都叫"川版"，部分省外泉友也称"汉"字银圆。不管你走到哪个城市的收藏店铺，只要你问他有没有川版，他们都知道你问的是四川军政府壹圆银币。

因此，本书所谓的"川版"就是特指狭义四川军政府壹圆银币，即坊间所指的川版。

川版有革命和正义的一面，有推翻清王朝的辛亥革命董修武告造版、尹昌衡西征收复川边康区的高头民版、"癸丑"二次革命讨袁的低头民版、护国战争蔡锷（辖朱德部）主政四川的长脚民版、熊克武（辖刘伯承、贺龙、周西成部）"讨贼之役"的斜头军版、朱德主政万县时期"九五"惨案中的"向造"银元、刘伯承顺泸起义时期的南充造、红四方面军川陕苏区的苏区版、川东游击军的土造川版、旷继勋的中国工农红军四川第一路军（混成第7旅遂宁起义军）的遂宁造、刘连波广汉红26路军的"汉州版"等等。

全面抗战开始后，整个数十万川军誓师抗日，前赴后继，战淞沪，保广德，攻马当，喋血滕县，留名台儿庄；转战沪、晋、鲁、皖、豫、苏、浙、赣、鄂、湘10省区，伤亡64万，功载史册。在川军中，有使用过"向造"的20军杨森部，有使用过"重庆出须版"的23集团军刘湘部，有使用过"新火银元"的22集团军王铭章部，有使用过"走之造"的36集团军李家钰部，有使用过"汉州版"的45军127师的陈离部等等。看着一排排成建制的川版，仿佛看到一排排整装待发的成建制的抗日川军将士，仿佛四川有意无意为抗战储备了数十万抗日武装。更加让人鼓舞和振奋的是连使用苏区仿川版的红四方面军最后走到了抗日的最前线。川版最后竟然在这里得到最完美的整合。民族之幸！

"川版"之好有三。其一，虽然面值壹圆，但全国流通，且重量却只有25.6克，为其他银币9成，是否因四川辛亥革命有功而享全国之誉；其二，许多地区或城市都生产过银币，成就了大批地方造。有雅安造、合江造、赤水造、合川造、重庆造、万县造、南充造、遂宁造、达县造、巴中造、江油造、阆中造、广安造、广汉造、灌县造、康定造、金堂造、荣昌造、成都街坊造等等。地方造币风格迥异，地方造遍及巴山蜀水，独树一帜成就了大批地方特色，丰富了地方文化和地方史。其三，主币因银质而坚挺。不管形势如何混乱，只要有硬通货银币垫底，经济都能坚持。

为了方便查询和管理，对每个币都进行编号，用"川版"的汉语拼音字母的字首CB进行统一标记，不再细化。本书以银币实物为研究对象，具体划分为荣誉版、各军阀造币厂版；其中进一步还完善了2011年《四川军政府壹圆银币版别图录》中没有收录的一些重要厂版，同时为了方便收藏者区分真假增补了新仿的现代真银假币川版一节。对造币厂和防区部分，文章仅收录了历史史料中的原始记录部分，谨供收藏爱好者和研究者收藏研究。不当之处，请行家斧正。

蔡 宁　2019年5月于绵阳

一

荣誉版之一

中华民国二年版、中华民国三年版

中华民国二年版（图1）CB-1

 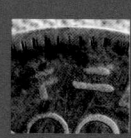 

特　征：二年、告造、点国点民、粗线、篆漢、小开口四、蹩脚圆

经纬线DNA：46-41　33-31（点国点民□□中）

重　量：21.6克

参考价：20000元—50000元

中华民国三年版（图2）CB-2

特　征：三年、竖点年、告造、点国点民、粗线、篆漢、小开口四、蹩脚圆

经纬线DNA：46-47　37-37（点国点民□□中）

重　量：24.8克

参考价：20000元—50000元

二年铜元样式银币版（图3）CB-3

特　征：二年铜元样式银币

经纬线DNA：45-46　34-34（点国点民二年铜元样）

重　量：27.9克

参考价：7000元（中品）—15000元（上品）

二

荣誉版之二

川西、川北、川东分水汉版

川北羊角汉版

苏区19圈旺苍版

川西分水汉版（图4）CB-4

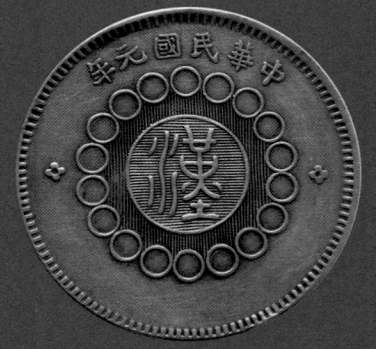  

特　　征：厂版分水汉、散中花

经纬线DNA：56-56　40-39

（点国无点民口〇中）

重　　量：25.6克

参考价：35000元（中品）—50000元（上品）

川北分水汉版（图5）CB-5

特　　征：川北分水汉、两点造、竖点年

经纬线DNA：47-51（52）31-30（31）（点国无点民）

重　　量：22.6克

参考价：15000元（中品）—50000元（上品）

川东分水汉版（图6）CB-6

特　　征：川东分水汉、分四、分元、两点造

经纬线DNA：52-52　33-33

重　　量：24.3克

参考价：15000元（中品）—50000元（上品）

川北羊角汉版（图7）CB-7

特　征：川北羊角汉、两点造、竖点年、倒中花

经纬线DNA：41（42）-41（42）　29-29（民国无点）

重　量：24.6克

参考价：15000元（中品）—50000元（上品）

川版王

苏区19圈旺苍版（图8）CB-8

特　征：19圈、气球点、开口国、开口中、告造、苏区中花、拉纹、苏区内齿

经纬线DNA：50-52　32-31

重　量：24.7克

参考价：70000元（中品）—100000元（上品）

三

各防区造币厂版

（一）赤水川版

赤水造币厂版

一、点国点民版（周版）

霸王汉（大肚汉）版：1924年—1925年周西成时期霸王汉版

（一）缺口造版（图9）CB-9

特　　征：大肚汉、缺口造、双内齿、113点环

经纬线DNA：48-48　30-30

重　　量：26.9克

参考价：10000元（中品）—15000元（上品）

（二）牛口造版（图10）CB-10

特　　征：大肚汉、牛口造、斜点年、双内齿、117点环

经纬线DNA：46-46　30-30

重　　量：25.5克

参考价：7000元（中品）—10000元（上品）

二、点国无点民版（周版）

霸王汉（大肚汉）版：1928年周西成时期霸王汉版

（一）连圈汉版（图11）CB-11

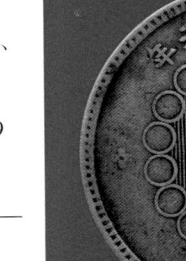

特　　征：大肚汉、四上有齿、连圈汉、双内齿、118点环

经纬线DNA：45-45　29-29

重　　量：24.4克

参考价：7000元（中品）—15000元（上品）

（二）连肩军版（图12）CB-12

特　征：大肚汉、连肩军、四上无齿、不连圈汉、双内齿、116点环

经纬线DNA：45-45　29-30

重　量：24.6克

参考价：5000元（中品）—10000元（上品）

（三）加后"周"版（图13）CB-13

特　征：大肚汉、加"周"字、四上有齿、连圈汉、双内齿、118点环

经纬线DNA：45-45　29-29

重　量：23.9克

参考价：7000元（中品）—15000元（上品）

三、国民无点版

（一）竖点年版：1928年—1929年周西成时期国民无点版

1、过渡版（图14）CB-14

特　征：正面是民国无点版的正面、背面是大肚汉的背面，竖点年、假二须、赤水内齿

经纬线DNA：35-35　56-53；

重　量：25.3克

参考价：7000元（中品）—15000元（上品）

2、中肚汉版（图15）CB-15

特　征：中肚汉、竖点年、
圆内齿、112点环

经纬线DNA：46-45　31-31

重　量：26.1克

参考价：7000元（中品）—
15000元（上品）

3、小肚汉版（图16）CB-16

特　征：加"周"字、小肚
汉、竖点年、方内齿

经纬线DNA：55-55　35-35

重　量：26.2克

参考价：7000元（中品）—
15000元（上品）

（二）横点年版（图17）CB-17

特　征：加"周"字、小肚汉、
横点年、双内齿、98点环

经纬线DNA：53-54　35-35

重　量：25.7克

参考价：7000元（中品）—
15000元（上品）

（三）扁口造版（毛版）：
1929年—1931年毛光翔时期国民无点版

1、年前须版（图18）CB-18

特　　征：年前须、扁口造、小头汉、圈中点、119点环

经纬线DNA：45-44　29-29

重　　量：24.1克

参 考 价：7000元（中品）—10000元（上品）

2、年前须小扁口版（图19）CB-19

特　　征：年前须、小扁口造、小头汉、圈中点、118点环

经纬线DNA：45-44　29-29

重　　量：23.1克

参 考 价：3000元（中品）—5000元（上品）

3、年前无须小扁口版（图20）CB-20

特　　征：小扁口造、异样边齿和中花、环形拉丝纹、114点环

经纬线DNA：43-43　28-28

重　　量：25.9克

参 考 价：8000元（中品）—15000元（上品）

4、指南针版（图21）CB-21

特　征：指南针环、扁口造、歪头汉、111点环
经纬线DNA：46-46　30-30
重量：25.6克
参考价：4000元（中品）—10000元（上品）

5、大丫汉版（图22）CB-22

特　征：大丫汉、扁口造、出头华、圈中点、119点环
经纬线DNA：46-44　31-31
重量：27.1克
参考价：6000元（中品）—10000元（上品）

6、告造版（图23）CB-23

特　征：扁口告造、国元无杠、116点环
经纬线DNA：52-52　36-36
重量：24.9克
参考价：4000元（中品）—10000元（上品）

7、牛口造版120点环（图24）CB-24

特　征：扁口牛口造、国元二杠、120点环；

经纬线DNA：52-52　36-36；

重　量：25.9克

参考价：6000元（中品）—10000元（上品）

8、牛口造版119点环（图25）CB-25

特　征：扁口牛口造、国元二杠、119点环

经纬线DNA：52-52　36-36

重　量：25.6克

参考价：6000元（中品）—10000元（上品）

四、仿重庆大点金版（侯版）

（一）仿重庆大点金版：
1930年后侯之担时期仿重庆大点金版

1、竖点年版（图26）CB-26

特　征：竖点年、仿重庆大点金、108点环、圆内齿

经纬线DNA：63-63　40-40

重　量：25.3克

参考价：15000元（中品）—25000元（上品）

2、开口中版（图27）CB-27

特　征：开口中、斜华、斜点年、仿重庆大点金、121点环

经纬线DNA：60-59　41-39

重　量：24.8克

参考价：25000元（中品）—50000元（上品）

（二）仿重庆改点金竖点年版：1930年后侯之担时期仿重庆改点金版

1、二须版（图28）CB-28

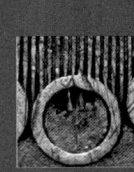

特　征：二须、改点金、竖点年、113点环

经纬线DNA：65-65　40-40

重　量：25.2克

参考价：10000元（中品）—20000元（上品）

2、开元版（图29）CB-29

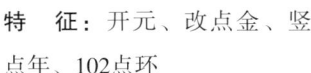

特　征：开元、改点金、竖点年、102点环

经纬线DNA：56-57　37-37

重　量：25.7克

参考价：10000元（中品）—20000元（上品）

3、五星花版（图30）CB-30

特　征：五星花、改点金、
竖点年、103点环

经纬线DNA：53-51　36-36

重　量：25.6克

参考价：10000元（中品）—
20000元（上品）

4、五星花假34二出须版（图31）CB-31

特　征：五星花、假34出须、
改点金、竖点年、103点环

经纬线DNA：66-64　41-41

重　量：25.2克

参考价：10000元（中品）—
20000元（上品）

5、竖点年版（图32）CB-32

特　征：竖点年、改点金、
113点环

经纬线DNA：64-63　42-42

重　量：25.4克

参考价：5000元（中品）—
10000元（上品）

赤水造币厂

1. 《西南军阀史研究丛刊》第一辑（四川人民出版社1982年版）251页"贵州军阀统治时期的社会经济概况（1912—1935）"记载：周西成曾造过"汽车（牌）银圆"，因成色不足，市面上不太通用。稍后，军阀侯之担在赤水铸造银圆三十万元，其纯银成色不及三成，仅流通于赤水、仁怀、遵义、桐梓一带，此币不能外流，也排斥外币进入这一地区，从而影响商品的流通和商品生产的发展。

这说明军阀侯之担造赤水银圆要晚于周西成的汽车银圆，也间接证明侯之担造赤水银圆是仿重庆大点金。

2. 《赤水县志》（1989年版）19页记载：民国十五年（1926）开办造币厂，铸造周版银元。不久停产。

同书308页记载：造币厂，铸造银圆，全厂员工20余人。

同书476页记载：民国十五年县城设造币厂铸造银元，以四川银币祖模加"周"字，俗称"周大洋"，成色较差，同时又以四川铜元祖模铸造铜元，均发行流通于市场。民国十九年赤水兵工厂内设造币厂，以背面有孙中山半身像的开国纪念币祖模铸造银元，成色更差，发行量不多，很少流通。

同书474页记载：富国钱庄曾代理发行赤水铸造的银元（俗称周大洋）、铜元，兴旺一时。

这说明赤水银圆1926年开始铸造，以四川银币祖模加"周"字为特点。

3. 1924年黔军周西成率部由四川退驻黔北，为扩充武装力量，利用原有兵工设施建立造币厂，私自仿造"四川汉字"和"帆船"版（帆船1933年后才出，估计为孙小头银元）劣质银元。前重25.6克、后重25克，含银量均为50%，统称赤造银元。在所部防区黔北和川南等地流通。此项私造品外形与真品难分，由于只是在"四川汉字"版打上一个"周"字硬印，故称"周大版"。

1926年6月周西成主持黔政，仍继续鼓铸，铸额不详。周亡后，所部侯之担留驻赤水期间，亦曾如此仿铸。

1924年周扩充为师，以赤水为据点，占有黔西北20余县。周西成凭借所部三占重庆铜元局并一度兼任该局局长之机，将重庆铜元局的部分机器设备拆迁入黔，利用赤水原有火药局、枪炮厂厂址,兼并了当地李天麒等7家小厂后建立"兵工厂",附设地方性的"造币厂",生产枪支弹药,仿铸银元、铜圆。由该师参谋长韩文兼任厂长,孙保之任经理,并向成都延聘吴国安工程师负责工程技术与设计事项,派遣副官欧阳文等前往上海、汉口、汉阳、重庆等地添购机器设备与钢材原料。四川赖心辉部队亦从重庆运送锅炉一具支援,为开工仿铸四川"汉"字版银元与孙中山头像开国纪念币创造了条件,并为日后周西成主持贵州省公开铸造"汽车银元"积累了经验。1929年刘文辉占领赖心辉所据合江、江津。赖兵败率部退入赤水。

造币厂全厂工人20余人。

赤水富田钱庄负责人董存光,地址赤水北正街中段,代理发行周大洋(劣质银币)及纸币,1925年开设。1926年6月周任贵州省长,规定成立省金库,财政、税务收入一律只收赤水银币,对抵挡上任经济滥账。

4. 1924年,投诚北洋政府被改编为北洋11师(后改为黔军3师),防区为黔北赤水、叙永、古宋、古蔺、江安、纳溪、合江地区,利用在重庆铜元局获得的机器在赤水县城设立赤水枪厂(川南最大的兵工厂)兼以造银币以供军饷,曾仿四川军政府银币,流通于叙府川南,市面上称"周版大洋"。同时也从泸洲按月获取军饷千圆。1928年在华家造纸厂的地址购置机器制造银圆。1929年,购进铸币机器,在贵阳市南郊虹桥,建立了贵州省造币厂,仿铸四川军政府银币和铜币,以此摆脱战乱造成的财政困难。周西成死后由25军副军长毛光翔继任25军军长兼贵州省长,侯之担师一直驻赤水。后赤水枪厂一度毁于火灾。1935年红军在赤水打垮了侯之担后,刘湘将赤水枪厂搬回重庆。

《赤水金融志》记载:"此币成色较差,除缴纳钱粮十足准用外,在市场上都要敷水三百文的水,在毗邻的泸州、合江等地,有的拒用,有的八折流通……二十五军垮台后,赤水铸造货币从此绝迹。"

1935年,刘湘在其防区内进行了一次四川流通的所有银圆抽样化验,目的是为了应付上峰,检查流通银圆中的不合格的银圆。其中第一次提到了赤造银圆,即"周版大洋",根据对20枚孙中山像版和20枚军政府版抽样化验,结果最高成色分别为63.183%和60.312%,最低成色分别为53.348%和50.642%,并只将赤造银圆军政府版列为不合格银圆,主要可能是因为使用的是贵州的银码标准(如竹子、汽车币)而在四川使用之故。1984年10月贵阳无线电一厂(原国营贵阳金店)检测赤造银圆的含银量为78.214%。

贵州造币厂

1926年5月,周西成继任贵州省省长,所辖部区扩大,军队人数不断增加,财政收支不能平衡。决定在设厂仿铸劣质银元暗中行驶的基础上,成立贵州造币厂,适当压低银币含量,在防区内公开发行。

1927年周西成委派韩原熙为贵州造币厂厂长,负责筹备事项,先是征用城南虹桥(即团坡桥)华家永丰纸厂为兵工、造币两厂厂址。一面调用赤水造币厂骨干人员,招聘省外技师、工匠,充实力量;一面向上海重庆、汉口等地洽购锅炉、压榨机等机器设备及原材料。7月1日派员前往镇远接运机件,分批运省城安装。其中部分机器是从英、德等国引进,性能较好。这就较好地解决了铸造银币所需的技术设备问题。

贵州造币厂生产程序沿用重庆铜元局及赤水造币厂的制度,分设化验、配料、压片、冲胚、印花、摇花等车间。另设锅炉房、动力房,翻砂铸件、刻制模具设备齐全。

1928年为纪念贵阳至桐梓公路通车,该厂铸含银78.21%的"贵州银币"(汽车银币)铸量5万余枚,铸工精美,实重贵阳公估平8钱2分合25.63克。经贵阳无线电一厂实测,含银78.21%低于当时中央标准,仅在省内流通。

周西成防区

周西成,字继斌,号世杰,桐梓人。1893年生,少入明德学堂,初始荒嬉,后起从戎。辛亥年起事,进入杨荩诚警卫队,随其征战常德。杨赴京后警卫队解散,周西成考入贵州讲武学堂。一年后,进入陆军第6团。随戴戡征战四川,占取成都。次年川军杀戴戡,周西成率一营人马突围回黔,从此闻名云贵川。1922年孙中山第一次北伐,周投孙任讨贼军第3混成旅旅长并加入国民党。1923年夏,黔军第3混成旅扩编为川东边防军第2师,周西成任师长。此时杨森从湖北借兵数旅反攻万县地区,连夺下川东奉节、云阳、开县、万县、巫溪、梁山、忠县、石柱、垫江、长寿及重庆,赵荣华旅驻渝。7月石青阳部周西成师原驻江津,分兵两路攻渝,一部由周率领正面佯攻,一部由毛旅率刘团陈王2营顺江而下，自南岸铜元局上游登岸，进占铜元局，各营防守海棠溪和弹子石一线。在铜元局8日，抢劫铜元40万串。8月周西成师由南川二次攻渝再占铜元局，抢劫铜元局部分造币机器。9月周西成师渡江与熊克武会师，合围重庆20天，三占铜元局，被川军第1军赖心辉改编为川军第13师、暂12师。

1923年防区：赤水、习水、仁怀；

1924年防区：赤水、叙永、古宋、古蔺、江安、纳溪、合江、江安；

1924年12月防区：赤水、江安、遵义、桐梓、绥阳、湄潭、余庆；

1925年3月防区：赤水、遵义、桐梓、绥阳、湄潭、余庆、毕节；

1926年防区：合江、赤水、遵义、桐梓、绥阳、湄潭、余庆、毕节。

袁祖铭防区

1925年3月防区：重庆、涪陵、綦江、南川、石驻、酉阳、秀山、黔江、彭水、江津、合江及下川东。

1926年5月防区：重庆、江北、巴县、长寿、涪陵、綦江、南川、酉阳、秀山、黔江、彭水、江津、合江、永川。

滇黔军防区

1918年10月防区：宜宾、富顺、南溪、长宁、庆符、筠连、珙县、兴文、叙永、古蔺、古宋、纳溪、泸州、江安、合江、江北、巴县、江津、綦江、石柱、彭水、南溪、酉阳、秀山、黔江、高县26县。

1919年4月防区：简阳、资洲、资阳、内江、叙永、富顺、南溪、庆符、高县、筠连、珙县、兴文、古蔺、古宋、纳溪、泸州、江安、合江、江津、綦江、南川22县。

（二）合江川版

合江造币厂版

一、点国点民版 1924年前版
合江初版
蚕点年版（图33）CB-33

特　征：歪头汉、蚕点年、双内齿

经纬线DNA：47-54　32-34

重　量：25.6克

参考价：7000元（中品）—15000元（上品）

二、点国无点民版 1924年—1927年版
（一）正头汉版：
1、圈中点122点环版（图34）CB-34

特　征：正头汉、圈中点、船头四、单内齿、122点环

经纬线DNA：54-53　37-37

重　量：25.1克

参考价：3000元（中品）—10000元（上品）

2、圈中点116点环版（图35）CB-35

特　征：正头汉、混配、圈中点、船头四、背双内齿、116点环

经纬线DNA：54-53　37-37；重　量：24.7克

参考价：3000元（中品）—10000元（上品）

3、圈中无点版（图36）CB-36

特　征：正头汉、圈中无点、船头四、双内齿、122点环

经纬线DNA：54-53　37-37

重　量：26.0克

参考价：3000元（中品）—10000元（上品）

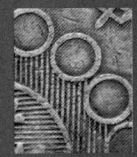

4、连点戈短手汉版（图37）CB-37

特　征：正头汉、连点戈、短手汉、船头四、双内齿、112点环

经纬线DNA：50-50　33-33

重　量：25.0克

参考价：3000元（中品）—6000元（上品）

5、连点戈长手汉132点版（图38）CB-38

特　征：正头汉、连点戈、长手汉、船头四、双内齿、132点环、高银

经纬线DNA：50-50　32-32

重　量：26.1克

参考价：3000元（中品）—6000元（上品）

6、连点戈长手汉130点版（图39）CB-39

特　征：正头汉、连点戈、长手汉、船头四、双内齿、130点环、低银

经纬线DNA：50-50　32-32

重　量：24.8克

参考价：3000元（中品）—6000元（上品）

7、不连点戈版（图40）CB-40

特　征：正头汉、不连点戈、船头四、双内齿、112点环

经纬线DNA：50-50　32-32

重　量：24.9克

参考价：3000元（中品）—6000元（上品）

（二）歪头汉版：

1、小点国版（图41）CB-41

特　征：歪头汉、小点国、船头四、双内齿、106点环

经纬线DNA：51-52　36-36

重　量：25.9克

参考价：3000元（中品）—6000元（上品）

2、吊点国版（图42）CB-42

特　征：歪头汉、吊点国、船头四、双内齿、125点环

经纬线DNA：46-48　32-32

重　量：25.1克

参考价：3000元（中品）—6000元（上品）

3、边点国二点府版（图43）CB-43

特　征：歪头汉、边点国、二点府、船头四、双内齿、126点环

经纬线DNA：47-51　31-31

重　量：25.8克

参考价：3000元（中品）—6000元（上品）

4、边点国广点府版（图44）CB-44

特　征：歪头汉、边点国、广点府、船头四、双内齿、126点环

经纬线DNA：47-51　31-31

重　量：26.0克

参考价：3000元（中品）—6000元（上品）

5、无点边花版（图45）CB-45

 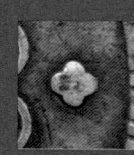 

特　　征：歪头汉、无点边花、小民、边点国、船头四、双内齿、108点环

经纬线DNA：45-47　31-32

重　　量：24.7克

参考价：4000元（中品）—8000元（上品）

6、马鞍壹版（图46）CB-46

特　　征：歪头汉、马鞍壹、边点国、船头四、双内齿、126点环

经纬线DNA：45-47　31-31

重　　量：24.8克

参考价：3000元（中品）—6000元（上品）

三、民国无点版 1928年版

（一）圆头版98点环（图47）（也可能是周版）CB-47

特　　征：98点环、正头汉、圈无点、船头四、双内齿

经纬线DNA：53-54　35-35

重　　量：25.8克

参考价：8000元（中品）—15000元（上品）

（二）歪头版97点环（图48）CB-48

特　征：97点环、歪头汉、圈无点、高民、双内齿

经纬线DNA：54-52　36-36

重　量：24.8克

参考价：4000元（中品）—8000元（上品）

合江造币厂

1. 《合江县志》之《金融志》记载:"1927年5月,国民军22军师长范世杰驻防合江,在西门外镇江山川主庙(现合江中学)设造币厂,私铸劣质半圆银圆,民间称为钢圆。"

2. 《合江县志》1993年版20页记载:民国十六年(1927)5月,赖心辉部范世杰旅回住合江,铸造劣质半元银币,强行在市面使用。

3. 赖心辉(1884—1942),字德祥,三台人。北洋政府陆军中将加上将衔,将军府正威将军,云南讲武堂毕业。1911年毕业于云南讲武堂,入同盟会,任炮兵管带。1918年2月5日,授陆军少将衔。1923年任刘湘部川军第1师师长兼边防军总司令,驻防泸州一带。所辖6个旅1个炮兵团,兵力达1万余人。1924年9月10日授将军府正威将军。1924年2月,赖心辉通电拥护北京政府,1925年后被委任为四川省长,在江津就职,曾辖周西成师。1925年10月9日授中将加上将衔。1926年北伐开始后,赖心辉伙同刘湘等人联名于8月13日通电讨伐吴佩孚,9月委任国民革命军22军军长,防区在失去成都、简阳、华阳后仍据有泸州、纳溪、江津、合江。刘伯承顺泸起义后失去了泸州。1929年与杨森、罗泽洲结盟进攻刘湘,兵败失去江津、合江后而入黔,后退守秀山、酉阳,其部被改编为新编第11师,任师长。

4. 1916年12月,云贵川三省护法靖国联军总司令唐继尧委任夏之时为四川护法靖国军招讨军司令兼川南宣慰使,率部2个团驻防合江、合川、璧山,并在合江西门外镇江庙兴建合江兵工厂,主要机器是从重庆铜元局拆卸的铸币机器,制造仿汉阳造步枪,后被防区军阀赖心辉改造为造币厂。范世杰系赖心辉部混成旅旅长,1926年改编为22军后升任师长,1929年5月,范世杰师退入重庆,24军占合江。1931年北道之战后,赖心辉防区分别被刘湘、刘文辉占领,失去兵工厂和造币厂,合江版壹圆银币停止铸造。

5. 赖心辉是大军阀,不光是自己生产银圆,还多次支援周西成,为周西成赤水银圆提供造币机器和技术支撑。因此,在周西成的赤水银圆上,经常看到合江版的痕迹(双内齿、圆规技术等)。合江版的发现始见于2000年后合江大规模城市建设,多出现在合江城区,故称为合江版。从其特点和风格上,与周大版技术风格十分相似。特别是双内齿技术基本上更是师出同门,许多字和笔画的写法也非常接近。再加上赖心辉曾经是周西成的顶头上司,在周西成驻赤水时期曾经给周大量支持，在周西成建立赤水造币厂时还赠给内燃机和派出技术指导。自然合江版与周大版就有许多相似的地方。这也是确定合江版的依据。

合江驻军

1922年7月川北边防军独立旅第1团（金镛）；1923年1月川军第6师（邱华玉）；

1923年3月川北边防军第1师（汤子模）；1923年5月川军第4师第1纵队（李子才）；

1923年6月川北边防军第4纵队（周熨卿）；1923年7月川军第4师8旅16团（叶成茂）；

1923年8月讨贼军第1军第2混成旅（吕镇华）、川军第4师独立旅（许文良）；

1923年9月川军第2师（唐式遵）；

1923年10月川东边防军第1混成旅（贺龙）、独立旅（由川军第4师许文良独立旅改）；

1923年12月川军第6师（赵南森）；1924年1月川军第12师独立旅（王家烈）；

1924年2月川军第4师独立旅（戴天民）、川军第6师（赵南森）、川军第12师（周西成）、黔军第1师3旅6团（杨承美）；

1924年3月讨贼军川军总司令（熊克武）、川军第1师（喻培棣）、川军第6师（余际唐）、第2混成旅（张冲）、边军总司令（赖心辉）、川东边防军总司令（石青阳）汤子模师和贺龙混成旅；

1924年4月第2师（李树勋）、黔军第1师独立旅（穆赢洲）、黔军第1师3旅（魏金荣）；

1924年11月黔军第1师独立旅（穆赢洲）；

1925年6月川军第16师32旅（傅渊希）、第4师独立旅（何庭光）、第4师7旅13团（王永陶）、黔军第11师（穆永康）、陆军9师18旅（穆赢洲部改）；

1926年驻泸县的边军总司令赖心辉部范世杰混成旅、驻赤水的周西成部侯之担独立团；

1927年4月驻合江范世杰旅开赴泸县围攻刘伯承泸洲起义军，5月下旬返回合江，铸低劣银圆，强行在防区使用；

1929年5月范世杰师入重庆，24军占合江。

由此可见，从1925年到1929年，合江是赖心辉边防军（后改22军）的传统防区，属于后方地区，水陆交通要道，安置造币厂等后方基地十分理想。

赖心辉防区

1921年2月防区：阆中；

1921年7月防区：简阳；

1923年11月防区：泸洲；

1924年10月防区：内江、重庆；

1925年3月防区：资阳、资中、内江、隆昌、富顺、简阳；

1925年8月24日防区：成都、华阳、简阳、富顺、泸州、江安、合江；

1925年12月防区：成都、泸洲、泸县、富顺、华阳、简阳、江安、江津、合江；

1926年5月防区：泸洲、泸县、富顺、江安、江津、合江；

1927年5月防区：江安、江津、合江、垫江；

1927年7月防区：合江、江津；

1928年防区：合江、江津；

1929年防区：酉阳、秀山、黔江、彭水。

（三）向造川版

青岗坝造币厂版

一、点国无点民版1926年—1928年版

（一）人之造

小园头版（图49）CB-49

特　征：小园头、人之造、
向造中花、156点环

经纬线DNA：53-54　27-27

重　量：27.5克

参考价：3000元（中品）—
5000元（上品）

（二）弯弧造

小方头版（图50）CB-50

特　征：小方头、弯弧造、
向造中花、127点环

经纬线DNA：61-58　33-34

重　量：25.3克

参考价：3000元（中品）—
5000元（上品）

二、民国无点版1928年—1929年版

（一）人之造

1、小圆头点头壹版（图51）CB-51

特　征：点头壹、人之造、
小圆头、牙璋川、143点环

经纬线DNA：49-46　27-27

重　量：24.6克

参考价：8000元（中品）—
15000元（上品）

2、烟斗民版（图52）CB-52

特　征：烟斗民、人之造、小圆歪头、上粘点年、132点环

经纬线DNA：47-46　28-28

重　量：27.0克

参考价：8000元（中品）—15000元（上品）

3、小圆翘头版（图53）CB-53

特　征：小圆翘头、人之造、155点环

经纬线DNA：54-55　32-32

重　量：25.1克

参考价：4000元（中品）—8000元（上品）

（二）弯弧造

1、小圆头版（图54）CB-54

特　征：弯弧造、小圆头、137点环

经纬线DNA：54-54　35-35

重　量：25.5克

参考价：8000元（中品）—15000元（上品）

2、小方头版（图55）CB-55

特　　征：弯弧造、小方头、158点环

经纬线DNA：64-64　40-39

重　　量：27.6克

参考价：7000元（中品）—14000元（上品）

3、翘方头版（图56）CB-56

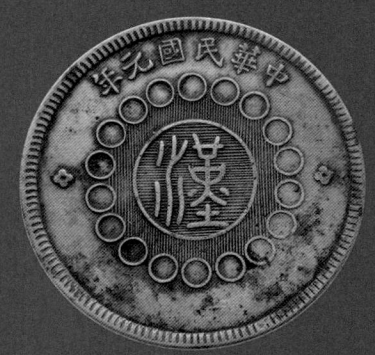  

特　　征：弯弧造、翘方头、159点环

经纬线DNA：64-63　40-40

重　　量：27.4克

参考价：7000元（中品）—14000元（上品）

4、大方头背111点环版（图57）CB-57

特　　征：弯弧造、大方头、111点环

经纬线DNA：58-57　37-36

重　　量：25.9克

参考价：3000元（中品）—6000元（上品）

5、大方头背122点环版（图58）CB-58

特　　征：弯弧造、大方头、122点环

经纬线DNA：58-57　37-36

重　　量：25.4克

参 考 价：3000元（中品）—6000元（上品）

6、大方头背132点环版（图59）CB-59

特　　征：弯弧造、大方头、132点环

经纬线DNA：58-57　37-36

重　　量：26.0克

参 考 价：3000元（中品）—6000元（上品）

7、大园头版（图60）CB-60

特　　征：弯弧造、大园头、153点环

经纬线DNA：62-61　37-37

重　　量：25.2克

参 考 价：3000元（中品）—6000元（上品）

青岗坝银圆厂

青岗坝造银圆存在吗？经多方面资料证实，青岗坝银圆的确存在。

1. 《四川省志·金融志》（四川辞书出版社1996年版）119页第二章民国时期货币记载：青岗坝大洋，又称合川大洋，系杨森所部师长向成杰于民国十四、十五年间在合川青岗坝分两批私铸的，这两种杂版银圆在市场上5-8折行使。这里记载的是合川青岗坝生产的。

2. 《巴中县金融志》（巴中县金融志办公室编1987年8月版）83页记载，四川当时通用银币种类之一就有"重庆青岗坝大洋"，并附注系"私厂所铸，字面数粗，币面价低"。这里记载的是重庆青岗坝生产的。

重庆和合川现在虽然都归重庆管，但当时却由两个对立的防区分管。杨森及所部向成杰在民国十四、十五年间在干什么呢？杨森于1923年任川军第2军军长，在1、2军之战中战败，逃宜昌依附吴佩孚，任为北洋陆军16师师长，授陆军中将衔，10月23日授将军府森威将军。1924年2月率部返川加上将衔，5月任四川军务督办主川。民国十四年即1925年发动"统一全川"之战，失败后逃往汉口，任吴佩孚"14省讨贼联军"川军第一路总指挥。民国十五年即1926年2月返川占据下川东，重掌旧部，驻云阳、云安。10月易帜，任国民革命军第20军军长。

向成杰为杨森的亲信，多次参与1926—1927年杨森与国民政府在重庆莲花池省党部的谈判。泸顺起义后，向成杰受杨森指使向武汉国民政府邀请朱德等政工人员返万县，后充任造币厂厂长，1927年就职20军5师师长。1926年易帜后，杨森感到四川各地已难插足，念念不忘再往鄂西发展。1927年4月12日，蒋介石建立了南京国民政府，与武汉国民政府相对抗。蒋介石指使粤、桂、川、黔军阀兵分6路，会同两湖军阀会攻武汉。刘湘被任命为第5路总指挥，杨森被任命为第5路前敌总指挥。蒋介石私下对杨森许诺，攻下武汉后，汉阳兵工厂归杨森管辖。杨森见有机可图，自然积极卖命。

5月5日，向成杰师随杨森4万5千人自万县东下，以范绍曾部为先锋。驻宜昌的夏斗寅部背叛武汉国民政府，乘机顺流而下，为杨军开路。5月21日，杨军占领武汉外围仙桃镇，夏斗寅部占领汀泗桥、贺胜桥，武汉震动。当时，武汉国民政府的主力部队已赴河南作战，留守武汉的叶挺部急赴前线，击溃夏斗寅师。同时，武汉国民政府急调唐生智第8军李云杰师包围进犯仙桃镇的杨森部。6月

8日，李云杰部发起进攻，杨军大败而逃至潜江，立足未稳，又遭到追击。仙桃镇之战，杨森被歼7个团，其直辖第9师几乎全军覆灭。武汉国民政府又调动鄂北一带的部队截击西逃的杨军。杨森唯恐归路被截断，于6月24日率范绍曾、白驹等抢先上了福川轮，逃回四川。不及上船的残部或逃散或被歼，向成杰师被湘军程潜部堵住，后收编。

1928年陈书农加入八部同盟发动了进攻刘湘的下川东之战。同时，由于成都停止使用5角银币，1931年3月30日刘湘进攻邓锡侯部陈书农师防区，占领合川、武胜、大足、铜梁，夺取了陈书农的合川兵工厂和造币厂。陈书农由合川撤至遂宁、简阳，军饷从安岳、潼南两县补助2万，并在简阳设厂铸（铜）币以补不足。

由此可见，1925年1月到1925年8月杨森主川，合川为杨森防区。1925年8月后，合川、乐至、武胜、广汉、遂宁、彭县、什邡、新都、新繁、郫县、金堂、安岳成为邓锡侯防区，杨森逃往汉口不在四川。1926年2月返川占据下川东万县、巫山、奉节、云阳、开县、巫溪、忠县、黔江、梁山、石柱、彭水、酉阳、秀山、綦江、丰都，没有合川。如果青岗坝银圆由杨森生产，时间上则只可能是1925年1月到1925年8月杨森主川期间。然而，杨森主川这期间控制了成都造币厂，没有必要又在青岗坝那么小、那么偏僻的地方生产壹圆主币。而且杨森这期间生产的主币是五角银圆。因此，青岗坝银圆无论在时间上、还是在地点上都不可能是杨森部在合川生产的。

合川版基本上都是"国民无点"版，合川出现最多，其他各县也有少量发现。因此可以确定合川版是仿照1928年后的新"漢"字银圆生产的。也就是说，向成杰在民国十四、十五年间就不在合川了，当然也就不可能铸造合川版，何况1926年的合川还是邓锡侯部陈书农师的防区，更谈不上杨森部5师向成杰了。

因此，青岗坝银圆（向造）只能是杨森1926年2月至1929年2月割据万县、巫山、奉节、云阳、开县、巫溪、忠县、黔江、梁山、石柱、彭水、酉阳、秀山、綦江、丰都防区时铸造的。

万县银圆分局

1. 《成都文史资料选编》辛亥前后卷1，285页"保路运动领导人蒲殿俊"一文记载：川省办重庆铜圆局和万县铜圆局。

2. 《万县地区金融志》（1992年版）5页记载：1904年（光绪三十年）2月24日万县银圆局开业。

同书39页1904年2月19日，四川银圆局今万县设立银圆分局，并委万县县令江鑾之为分局总办，分局随即筹款7100两，向川东商务钱法局（设于重庆）请领银圆10000元回万县，于2月24日正式开局，局址设在万寿宫。局内除总办外，另设会办1人，司事2人，局丁1人。后石柱、忠州、梁山、新宁、开县、云阳、奉节、巫山、大宁九厅，州、县既可就近向万县银圆分局易领银圆，也可向重庆川东商务钱法局易领银圆。

万县银圆分局是否有造币厂不详。

杨森造其他银圆了吗

杨森（1882—1977），原名淑泽，又名伯坚，号子惠，广安人，陆军中将加上将衔，四川陆军速成学堂毕业。

1882年生于广安龙台寺。1906年入四川陆军弁目队，1908年入四川陆军速成学堂，毕业后分发新军17镇任排长，1910年升第33混成协1营右队官，同年加入同盟会。1912年任川军第1师营长。1913年，投熊克武部川军第5师，参加"二次革命"，失败后转投滇军任黄毓诚旅副官。1915年1月任云南讲武堂队长，12月任护国1军第2梯团中校参谋，参加了护国战争。1917年任滇军第2军参谋长兼独立团团长。1920年4月脱离滇军，任川军第9混成旅旅长、泸永镇守使、第9师师长。1923年任川军第2军军长，在1、2军之战中战败，逃宜昌依附吴佩孚，任为北洋陆军16师师长，授陆军中将衔，10月23日授将军府森威将军。1924年2月率部返川加上将衔，5月任四川军务督办。1925年发动"统一全川"之战，失败后逃往汉口，任吴佩孚"14省讨贼联军"川军第一路总指挥。1926年2月返川占据下川东，重掌旧部，遣杨懋修师驻云阳，杨桢骑兵团驻云安。10月易帜，任国民革命军第20军军长。1927年4月，率部进攻武汉国民政府，失败后退回四川。因收留兵败入川的吴佩孚，于1928年1月被南京政府免职，5月所部发生内讧，部下郭汝栋部自任20军军长，范绍曾部等转投刘湘。1929年败走广安。

防区有：万县、巫山、奉节、云阳、开县、巫溪、忠县、黔江、梁山、石柱、彭水、酉阳、秀山、綦江、丰都、大竹、垫江、长寿。杨森的防区在四川军阀中算得上是比较大的，杨森在万县防区修公园、修学校、开办运动会和博览会，并在后方设立能够制造银圆的造币厂。1926年万县"九五"惨案中，英国轮船撞沉的3只木船，装载的正是从云阳转道运回万县的"云安厂"生产的杨森版军阀银圆，共损失85000圆。1928年7月，杨森回复巴县议事会并各法团，批准停止铸造小200文铜元改铸银圆。这说明杨森的防区曾经铸造过壹圆银圆的。1929年1月，在下川东之战中失败，失去防地退入渠县。1931年2月杨森借帮助罗泽洲复职，占领岳池、广安、渠县、蓬溪、营山，在广安原罗泽洲1924年设立的造币厂基础上设立铜元厂，后在营山设立兵工厂和造币厂。1933年9月在营渠战役中被红军缴获并将全部物资从罗江口船运通江苏区。

因此，杨森1926年4月在万县防区时候采用北洋政府的货币体制生产过壹圆银圆，而且这种银圆正是所谓的"向造"银圆。1926年开始铸币，1929年停铸。川东地区出现较多。分点国无点民版（1926-1928.4年造）和民国无点（1928.7-1929.1年造）两个系列。而在广安防区虽然有造币厂（1932年3月开铸），只生产小200文铜元，但是也不排除铸造过壹圆银币。

杨森防区

1921年7月防区：泸州、重庆；

1922年7月防区：泸州、合川、重庆、万县；

1922年8月防区：无；

1923年-1924年防区：上下川东不定；

1925年3月防区：成都、华阳、金堂、简阳、中江、资中、安岳、乐至、富顺、自流井、威远、仁寿、泸县；

1925年7月防区：成都、金堂、中江、安岳、资中、简阳、富顺、自流井、泸县、乐至、威远、南充、郫县、仁寿、华阳、资阳、资中、内江、隆昌、新津、双流、灌县、新都、温江、崇庆、大邑、蒲江、邛崃、洪雅、夹江、乐山、井研、荣县、眉山、犍为、绵阳、广汉、什邡、新繁、彭县、德阳、罗江、江油、彰明、合江、宜宾、叙府、峨眉、峨边、雷波、马边、屏山（雅属和宁属）、汉源、天全、名山、芦山、盐边、盐源、会理、越西、冕宁、西昌；

1925年8月24日防区：无；

1926年7月防区：下川东16县、涪陵、梁山、开江、开县、万县；

1928年10月防区：万县、巫山、奉节、云阳、开县、巫溪、忠县、黔江、梁山、石柱、彭水、酉阳、秀山、綦江、丰都；

1929年1月防区：渠县；

1930年防区：渠县、广安、岳池、营山；

1931年防区：广安、岳池、渠县、蓬安；

1932年防区：广安、岳池、渠县、蓬安；

1933年防区：广安、岳池、渠县、蓬安、营山；

1933年防区：广安、岳池、渠县、蓬安。

杨森鄂西湘西防区（短暂）

1926年10月防区：宜昌、沙市、枝江、松滋、公安、石首、南县、华容；

1927年5月防区：宜昌、沙市、荆州、新堤、嘉鱼。

（四）合川州版

合川造币厂版

一、点民无点国版1928年—1931年版

大头汉版（图61）CB-61

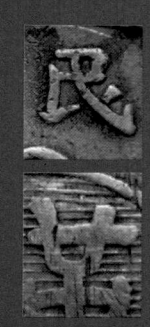

特　征：点民无点国、大头汉、双出肩币、132点环

经纬线DNA：53-53　33-32

重　量：25.4克

参考价：8000元（中品）—15000元（上品）

二、民国无点版1928年—1929年版

（一）合川早期版

1、正头汉细点环版（图62）CB-62

特　征：正头汉、细字、细点环、双出肩币、118点环

经纬线DNA：52-52　34-34

重　量：25.7克

参考价：8000元（中品）—15000元（上品）

2、歪头汉细点环版

（二）合川中期版

1、大点环有齿版（图63）CB-63

特　征：大点环、双出肩币、有齿、132点环

经纬线DNA：46-45　29-29

重　量：24.8克

参考价：4000元（中品）—8000元（上品）

2、大点环无齿版（图64）CB-64

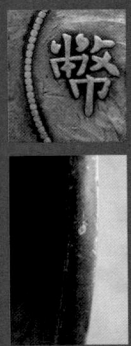

特　征：大点环、双出肩币、无齿、132点环

经纬线DNA：47-47　29-29

重　量：25.2克

参考价：4000元（中品）—8000元（上品）

3、大点环拉纹版（图65）CB-65

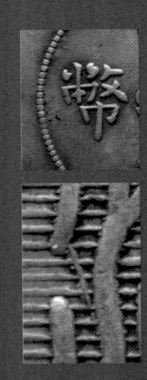

特　征：大点环、双出肩币、拉纹、132点环

经纬线DNA：47-47　29-29

重　量：25.6克

参考价：4000元（中品）—8000元（上品）

（三）合川晚期版

1、中点环版（图66）CB-66

特　征：中点环、双出肩币、132点环

经纬线DNA：52-53　33-32；

重　量：25.6克

参考价：2000元（中品）—4000元（上品）

2、中点环拉丝版（图67）CB-67

特　征：中点环、环形拉丝、双出肩币、132点环

经纬线DNA：51-51　33-33；

重　量：25.8克

参考价：2000元（中品）—4000元（上品）

合川造币厂

陈鼎勋（1893—1973），字书农，简阳人，保定军校第2期、陆军大学将官班甲级第1期毕业。长期在川军邓锡侯部任职，累升至旅长，川军第3师师长。1923年9月5日授陆军少将衔，1924年3月20日授将军府将军，4月16日加中将衔，8月16日晋中将衔。1927年3月1日任28军第3路司令，加入由四川陆军军官学堂出身的派系军官系。1931年任28军第3师师长。统一之战后长期驻防合川、武胜、大足、铜梁四县，在合川设立有兵工厂和造币厂。

1928年陈书农加入八部同盟发动了进攻刘湘的下川东之战。同时，由于成都停止使用5角银币，1931年3月30日刘湘进攻邓锡侯部陈书农师防区，占领合川、武胜、大足、铜梁，夺取了陈书农的合川兵工厂和造币厂。合川版军政府壹圆银圆生产了3年后停产。陈书农由合川撤至遂宁、简阳，军饷从安岳、潼南两县补助2万，并在简阳设厂铸（铜）币以补不足。

合川版基本上都是"国民无点"版，合川出现最多，其他各县也有少量发现。因此可以确定合川版是仿照1928年后的新"漢"字银圆生产的。

《少成文史资料》第六辑（政协成都青羊区委员会学习文史委员会1994年）47页，葛森在《民国时期四川货币流通与贬值》文章中也称合川版为"州版"。陈书农通过其在1927年春熙南段的元吉银号将合川"州版"的大名和合川"州版"传播于蜀中各地。

陈书农防区

1928年10月防区：武胜、合川、铜梁、大足；

1929年防区：武胜、合川、铜梁、大足；

1930年防区：武胜、合川、铜梁、大足；

1931年3月防区：铜梁。

（五）雅版

刘文辉造币厂

一、雅（安）版1933年后

（一）雅男版

1、上点年毛刺汉版（图68）CB-68

特　征：毛刺汉、上点年、斜币

经纬线DNA：45-45　29-29

重　量：24.1克

参考价：5000元（中品）—10000元（上品）

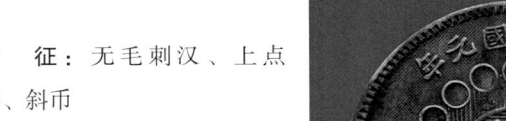

2、上点年无毛汉版（图69）CB-69

特　征：无毛刺汉、上点年、斜币

经纬线DNA：45-45　29-29

重　量：25.1克

参考价：5000元（中品）—10000元（上品）

（二）雅女版

1、雅女中点年厚版（图70）CB-70

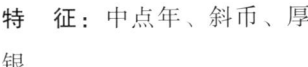

特　征：中点年、斜币、厚银

经纬线DNA：49-49　30-30

重　量：26.6克

参考价：5000元（中品）—10000元（上品）

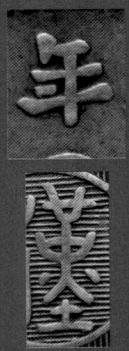

2、雅女中点年薄版（图71）CB-71

 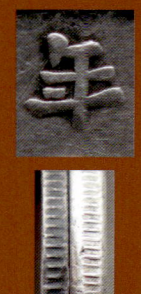 

特　征：中点年、斜币、薄银
经纬线DNA：50-50　30-30
重　量：24.1克
参考价：5000元（中品）—10000元（上品）

3、雅女下点年版（图72）CB-72

特　征：下点年、斜币、粗拉丝纹
经纬线DNA：49-49　30-30
重　量：25.8克
参考价：5000元（中品）—10000元（上品）

二、汉源富林版1932年后

（一）汉源版

1、汉源版（图73）CB-73

特　征：汉源汉、横点年、斜币
经纬线DNA：48-47　30-30
重　量：25.7克
参考价：7000元（中品）—12000元（上品）

2、汉源包壳版（图74）CB-74

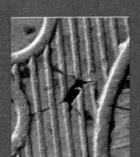

特　　征：横点年、斜币、包壳？

经纬线DNA：48-47　30-30

重　　量：24.0克

参 考 价：2000元（中品）—4000元（上品）

（二）富林版

1、富林厚版（图75）CB-75

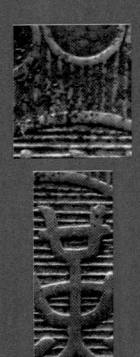

特　　征：横点年、斜币、无三角点、正常厚度

经纬线DNA：43-42　32-32

重　　量：25.5克

参 考 价：5000元（中品）—10000元（上品）

2、富林薄版（图76）CB-76

特　　征：横点年、斜币、有三角点、薄

经纬线DNA：44-43　31-31

重　　量：23.0克

参 考 价：5000元（中品）—10000元（上品）

3、富林宽边漏字版（图77）CB-77

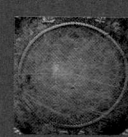

特　征：横点年、斜币、宽边、未滚边、漏"四川银币"字、漏中花

经纬线DNA：44-43　31-31

重　量：24.8克

参考价：7000元（中品）—12000元（上品）

三、雅安风格版

雅安中花风格版（图78）CB-78

特　征：雅安中花风格、三点府、斜川、边齿宽

经纬线DNA：38-39　25-25

重　量：24.1克

参考价：7000元（中品）—12000元（上品）

刘文辉造币厂

刘文辉（1894—1976），号自乾，大邑人，陆军上将，保定陆军军官学校第2期炮科毕业。

刘文辉是与刘湘不相上下的大军阀，本来有造币厂，在兼并其他小军阀防区的同时也兼并了其造币厂，因此有许多造币厂。有记载的有：24军机械修理厂（原四川兵工分厂）、雅安防区原刘成勋造币厂、汉源富林造币厂和会理造币厂、康定造币厂。原袁祖铭的乐山防区和吕超的叙南防区也可能有小造币厂，加上李家钰遂宁造币厂等等，这些造币厂都被刘文辉占领和统治过。

1. 1916年任川军第2师参谋，1918年任川军第8师29团团长，1920年8师独立旅旅长。1921年任川军直属第1混成旅旅长割据宜宾（叙府），设立叙府造币厂（《四川省志·金融志》四川辞书出版社1996年版163页）。

2. 1923年任9师师长兼成都卫戍总司令（暂管理成都造币厂3月）。

3. 1924年防区有宜宾、富顺、江安、屏山、雷波，1925年占领袁祖铭的乐山、仁寿、眉山。1926年占领吕超的叙南6县，11月易帜，任国民革命军第24军军长。1927年6月占领刘成勋新津、邛崃、雅安各属，兼任川康边防总指挥，同时占领原西康屯垦使兼23军军长刘成勋在驻防西康时候在新津建造的造币厂（《四川省志金融志》四川辞书出版社1996年版163页）和康定造币厂。

4. 1924年12月占领赖心辉的永川、江津、合江、泸洲，占领赖心辉的合江造币厂。

5. 1925年刘文辉升任四川军务帮办，入据成都。24军机械修理厂原本叫作四川兵工厂，为杨森拥有。1925年杨森败逃时放火烧了四川兵工厂。刘文辉抢来后，为平息各路军阀的怒气，宣布用来修理机械，厂名相应更改"24军机械修理厂"。实际上就成了刘文辉24军的造币厂（《四川省志·金融志》四川辞书出版社1996年版163页）。刘文成出任24军机械修理厂厂长。

6. 1928年接管刘湘的资中、内江、荣昌、隆昌，占领李家钰、罗泽洲的上川东5县，任四川省政府主席。占领李家钰、罗泽洲的造币厂。

7. 1930年（民国十九年），川康边防军第2旅旅长马啸在康定设厂铸币。

8. 1932年12月刘文辉与田颂尧成都巷战后，将拱背桥修械所和外南机械厂的重要机械搬到了新津（《四川军阀混战》四川省社会科学出版社1984年版244页）。外东机械厂也归刘文辉管理过（《四川军阀混战》四川省社会科学出版社1984年版246页）。

9. 1933年3月，一部分搬到了雅安造币厂，开始生产雅版。另一部分经九襄搬到了汉源富林13旅旅部（《四川省志·金融志》四川辞书出版社1996年版164页）。1933年8月岷江战败后，刘撤离雅安，9月返回将造币机器从雅安运到汉源（《四川省志·金融志》四川辞书出版社1996年版164页）。

10. 1934年刘元瑭驻军凌致远在汉源富林堰口川主庙（今广源村小学）汉源富林造币厂铸造5角钢版，在富林称"富版"，在汉源称"汉版"，强令民间使用，附近的庙宇祭祀用钟鼎大半销毁。刘文辉在分得雅安、荥经、天全、芦山、宝兴、名山、洪雅、汉源等县后，雅安成为前线。为了防止意外，1935年1月将铸币机械由雅安运至汉源富林13旅驻地，设24军造币厂继续生产，由于1934年7月后成都、重庆造币厂都开始铸造"帆版"银圆，而24军造币厂系非法造币，没有"帆版"银圆模具，只有仿照军政府壹圆银币模具铸造雅版和汉源版、富林版，而且这些银币成色较成都造币厂低，只能通行西康。

11. 《汉源县志》（1994年版）6页记载：民国二十三年（1934），汉源驻军团长凌致远，用寺庙钟鼎在富林堰口上设厂造币，熔铸面值为五角的钢版币，强迫民间使用。

同书466页记载：因铸造劣质银元有利可图，民国二十四年（1935），刘文辉将铸币机器从雅安运到汉源，令其驻军凌致远团长在富林堰口上川主庙内督造"钢半开"银币，质量低劣，百姓不敢抗拒，只能按实价收入，贴水推出。

同书603页记载：民国二十四年（1935），刘文辉凌致远团驻富林，在川主庙（广源村小学）铸假银元，强迫民间使用。

刘文辉防区

1921年防区：宜宾；

1921年7月防区：叙府、宜宾；

1924年防区：叙府、宜宾、富顺、江安、屏山、雷波；

1925年3月防区：宜宾、叙府、自流井；

1925年8月防区：宜宾、眉山、青神、仁寿、南溪、屏山、嘉定属；

1926年11月防区：宜宾、眉山、青神、仁寿、南溪、屏山、嘉定属、高县、长宁、筠连、兴文、珙县、江安；

1927年7月防区：宜宾、眉山、青神、仁寿、南溪、屏山、嘉定属、高县、长宁、筠连、兴文、珙县、江安、邛崃、大邑、蒲江、双流、新津、温江、崇庆、彭山、雅安六属和宁属；

1927年12月防区：宜宾、眉山、青神、仁寿、南溪、屏山、嘉定属、高县、长宁、筠连、兴文、珙县、江安、邛崃、大邑、蒲江、双流、新津、温江、崇庆、彭山、雅安六属和宁属、永川、江津、合江、泸洲；

1928年10月防区：宜宾、眉山、青神、仁寿、南溪、屏山、嘉定属、邛崃、大邑、蒲江、双流、新津、温江、崇庆、彭山、雅安六属和宁属、永川、江津、合江、泸洲、资中、内江、荣昌、隆昌、丹棱、天全、芦山、荥经、汉源、泸定、越西、冕宁、西昌、会理、盐源、盐边、昭觉、康定、河口、理化、巴安、稻城、乡城、雅江、重噶、丹巴、道孚、怀柔、德化、炉霍、甘孜、察木都、江卡、杂瑜、盐井；

1929年防区：宜宾、眉山、青神、仁寿、南溪、屏山、嘉定属、邛崃、大邑、蒲江、双流、新津、温江、崇庆、彭山、雅安六属和宁属、永川、江津、合江、泸洲、资中、内江、荣昌、隆昌、丹棱、天全、芦山、荥经、汉源、泸定、越西、冕宁、西昌、会理、盐源、盐边、昭觉、康定、河口、理化、巴安、稻城、乡城、雅江、重噶、丹巴、道孚、怀柔、德化、炉霍、甘孜、察木都、江卡、杂瑜、盐井；

1930年防区：宜宾、眉山、青神、仁寿、南溪、屏山、嘉定属、邛崃、大邑、蒲江、双流、新津、温江、崇庆、彭山、雅安六属和宁属、永川、江津、合江、泸洲、资中、内江、荣昌、隆昌、丹棱、天全、芦山、荥经、汉源、泸定、越西、冕宁、西昌、会理、盐源、盐边、昭觉、康定、河口、理化、巴安、稻城、乡城、雅江、重噶、丹巴、道孚、怀柔、德化、炉霍、甘孜、察木都、江卡、杂瑜、盐井；

1931年防区：成都、简阳、资中、资阳、内江、隆昌、荣昌、永川、潼南、江津、合江、泸州、富顺、自流井、江安、纳溪、叙永、古蔺、古宋、宜宾、高县、长宁、庆符、筠连、珙县、兴文、雷波、马边、屏山、峨边、峨眉、犍为、嘉定、青神、眉山、彭山、顺庆、遂宁、蓬溪、安岳、乐至、仁寿、井研、威远、荣县、双流、新津、邛崃、名山、洪雅、雅安、崇庆、大邑、夹江、蒲江、丹棱、天全、芦山、荥经、汉源、泸定、越西、冕宁、西昌、会理、盐源、盐边、昭觉、康定、河口、理化、巴安、稻城、乡城、雅江、重噶、丹巴、道孚、怀柔、德化、炉霍、甘孜、察木都、江卡、杂瑜、盐井、华阳等87县；

1932年防区：成都、简阳、资中、资阳、内江、隆昌、荣昌、永川、潼南、江津、合江、泸州、富顺、自流井、江安、纳溪、叙永、古蔺、古宋、宜宾、高县、珙县、庆符、长宁、筠连、兴文、雷波、马边、屏山、峨边、峨眉、犍为、乐山、青神、眉山、彭山、顺庆、遂宁、蓬溪、安岳、乐至、仁寿、井研、威远、荣县、双流、新津、邛崃、名山、雅安、崇庆、大邑、夹江、丹棱、蒲江、洪雅、天全、芦山、宝兴、荥经、汉源、泸定、越西、冕宁、西昌、会理、盐源、盐边、昭觉、宁南、康定、道孚、炉霍、邓柯、白玉、德格、石渠、理化、乡城、稻城、德荣、河口、巴安、雅江、重噶、丹巴、怀柔、德化、甘孜、察木都、江卡、杂瑜、盐井、华阳等81县；

1933年防区：雅安、荥经、汉源、天全、芦山、宝兴、洪雅、名山及丹棱、泸定、越西、冕宁、西昌、会理、盐源、盐边、昭觉、康定、河口、理化、巴安、稻城、乡城、雅江、重噶、丹巴、道孚、怀柔、德化、炉霍、甘孜、察木都、江卡、杂瑜、盐井。

（六）两点造版

四川兵工厂版

一、连点造版三军共管成都时期

（一）4点年版

1、兔耳汉三口军版（图79）CB-79

特　征：兔耳汉、三口军、4点年、连点造、高银

经纬线DNA：58-58　44-44

重　量：26.7克

参考价：3000元（中品）—6000元（上品）

2、兔耳汉四口军版（图80）CB-80

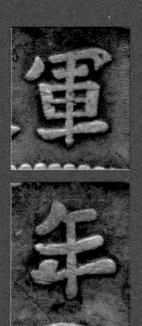

特　征：兔耳汉、四口军、4点年、连点造

经纬线DNA：58-58　44-44

重　量：25.1克

参考价：3000元（中品）—6000元（上品）

3、低耳汉版（图81）CB-81

特　征：低耳汉、4点年、连点造

经纬线DNA：58-58　42-42

重　量：24.3克

参考价：3000元（中品）—6000元（上品）

（二）横点年版

1、兔耳汉三口军版（图82）CB-82

特　征：兔耳汉、三口军、连点造

经纬线DNA：61-59　45-44

重　量：25.7克

参考价：2000元（中品）—4000元（上品）

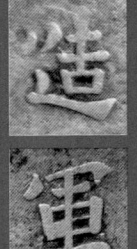

2、兔耳汉连口国版（图83）CB-83

特　征：兔耳汉、三口军、连口国

经纬线DNA：58-58　44（43）-44（43）

重　量：24.5克

参考价：2000元（中品）—4000元（上品）

3、高肩汉版（图84）CB-84

特　征：高肩汉、粘脚戈、连点造

经纬线DNA：71-72　48-47

重　量：24.9克

参考价：2000元（中品）—4000元（上品）

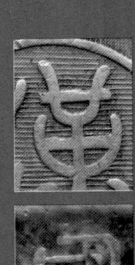
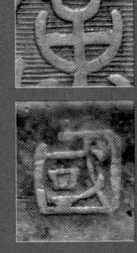

4、背枪汉版（图85）CB-85

特　征：背枪汉、连点造
经纬线DNA：67-66　42-42
重　量：24.2克
参考价：1000元（中品）—
2000元（上品）

二、两点造版

（一）长水汉版

1、豆芽汉版（图86）CB-86

特　征：豆芽汉、钩壹、倒刺四、高尔府、长水汉、两点造
经纬线DNA：61-61　42-42
重　量：25.4克
参考价：5000元（中品）—
10000元（上品）

2、小眼汉版（图87）CB-87

特　征：小眼汉、两点造
经纬线DNA：58-58　39-39
重　量：25.0克
参考价：2000元（中品）—
4000元（上品）

（六）两点造版

四川兵工厂版

一、连点造版三军共管成都时期

（一）4点年版

1、兔耳汉三口军版（图79）CB-79

特　征：兔耳汉、三口军、4点年、连点造、高银

经纬线DNA：58-58　44-44

重　量：26.7克

参考价：3000元（中品）—6000元（上品）

2、兔耳汉四口军版（图80）CB-80

 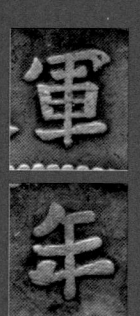 

特　征：兔耳汉、四口军、4点年、连点造

经纬线DNA：58-58　44-44

重　量：25.1克

参考价：3000元（中品）—6000元（上品）

3、低耳汉版（图81）CB-81

特　征：低耳汉、4点年、连点造

经纬线DNA：58-58　42-42

重　量：24.3克

参考价：3000元（中品）—6000元（上品）

（二）横点年版

1、兔耳汉三口军版（图82）CB-82

特　征：兔耳汉、三口军、
连点造

经纬线DNA：61-59　45-44

重　量：25.7克

参考价：2000元（中品）—
4000元（上品）

2、兔耳汉连口国版（图83）CB-83

特　征：兔耳汉、三口军、
连口国

经纬线ＤＮＡ：58-58　44
（43）-44（43）

重　量：24.5克

参考价：2000元（中品）—
4000元（上品）

3、高肩汉版（图84）CB-84

特　征：高肩汉、粘脚戈、
连点造

经纬线DNA：71-72　48-47

重　量：24.9克

参考价：2000元（中品）—
4000元（上品）

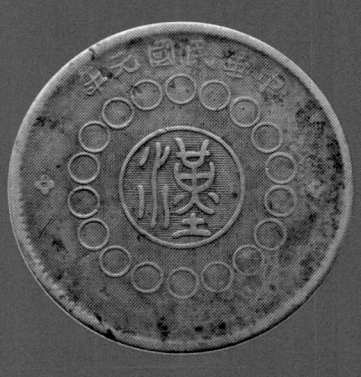

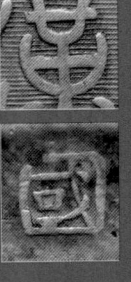

4、背枪汉版（图85）CB-85

特　征：背枪汉、连点造
经纬线DNA：67-66　42-42
重　量：24.2克
参考价：1000元（中品）—2000元（上品）

二、两点造版

（一）长水汉版

1、豆芽汉版（图86）CB-86

特　征：豆芽汉、钩壹、倒刺四、高尔府、长水汉、两点造
经纬线DNA：61-61　42-42
重　量：25.4克
参考价：5000元（中品）—10000元（上品）

2、小眼汉版（图87）CB-87

特　征：小眼汉、两点造
经纬线DNA：58-58　39-39
重　量：25.0克
参考价：2000元（中品）—4000元（上品）

3、苗头汉版（图88）CB-88

特　征：苗头汉、长水汉、两点造

经纬线DNA：52-52　34-34

重　量：25.7克

参考价：2000元（中品）—40000元（上品）

4、左肩汉月牙环版（图89）CB-89

特　征：左肩汉、月牙环、长水汉、两点造、134点环

经纬线DNA：53-54　38-38

重　量：25.3克

参考价：2000元（中品）—40000元（上品）

5、左肩汉无月牙环版（图90）CB-90

特　征：左肩汉、无月牙环、两点造

经纬线DNA：55-56　37-37

重　量：25.7克

参考价：1500元（中品）—30000元（上品）

6、实底壹版（图91）CB-91

特　征：实底壹、背枪汉、米点年、长水汉、两点造、137点环

经纬线DNA：53-54　37-37

重　量：25.6克

参考价：1500元（中品）—30000元（上品）

7、大点国版（图92）CB-92

特　征：大点国、大点银、长水汉、两点造

经纬线DNA：55-56　37-37

重　量：24.7克

参考价：1500元（中品）—3000元（上品）

8、倒钩四版（图93）CB-93

 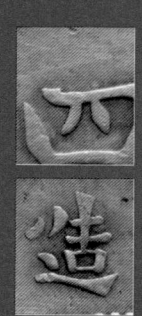 

特　征：倒钩四、两点造

经纬线DNA：52-50　36-36

重　量：25.9克

参考价：1500元（中品）—3000元（上品）

（二）短水汉版

1、连点戈连人府版135点环（图94）CB-94

特　征：连点戈、连人府、两点造、135点环

经纬线DNA：62-62　40-39

重　量：25.4克

参考价：1500元（中品）—30000元（上品）

2、连点戈分人府版134点环（图95）CB-95

特　征：连点戈、分人府、两点造、134点环

经纬线DNA：62-62　40-39

重　量：23.3克

参考价：1500元（中品）—30000元（上品）

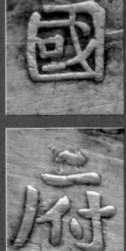

3、无须圆版（图96）CB-96

特　征：无须圆、月牙圈、两点造

经纬线DNA：53-54　38-38

重　量：25.9克

参考价：1500元（中品）—30000元（上品）

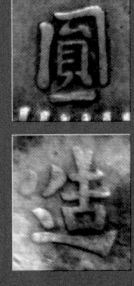

三、川康版（二刘版）（图97）CB-97

特　征：正面两点造、背面军阀仿成都圆口造、大眼边花

经纬线DNA：50-52　33-33

重　量：26.6克

参考价：7000元（中品）—14000元（上品）

两点造与成都兵工分厂（四川机械局）版

原来认为"两点造"是谢德堪在倒桑树街四川机械局生产的银币。后来发现"两点造"生产量比较大，生产时间也比较长。谢德堪作为一个小军阀（旅级），防区也不大（温江和华阳中和场），没有大量生产银币的基础。"两点造"由谢德堪生产的可能性不大。

在军阀银圆中，要达到成都造币厂大银圆铸造水平的，必须要有大压力的冲压机和重型压片机，在四川则只有重庆铜元局、成都兵工分厂有这种装备。重庆铜元局铸造的是渝版，成都兵工分厂铸造的则是两点造。在众多的军阀版中，只有两点造达到成都造币厂和重庆铜元局的银圆质量，以至于有人还认为两点造是成都造币厂生产的。四川机器局是清朝政府经营的军用工厂之一。1877年由四川总督丁宝桢创设于成都东门内下莲池。开始规模不大，开办费仅7万7千两，经费由土货厘金项下提拨。后机器局成功仿制了1台水轮机，利用城内金水河水力发动机器，冬春水枯，始用锅炉。所制枪、炮、子弹、火药，除供应川省军用外，也接济云南等地。1879—1880年间一度停办。1881年复业，并添设火药厂。1903年，蒙古籍川督锡良奉命扩建四川机器局，并在市内拱背桥建炮厂，有大压力的冲压机和重型压片机。改机器局为兵工分厂，仍然在下莲池内，生产步枪。安装了重型压片机，可以制造精美银圆。因此，只有四川机械局设备和技术才可以生产出两点造。四川机械局规模比较大，原材料也很充足（据统计：在停止铸币5角银币时还有3万两银），铸造数量也多，其成色还能达到八成（80%的银），其余各地铸造大银币的成色至多只在六七成之间，甚至有低至五成以下的。

刘文辉最多时候拥有81余县，113000人枪，月军费百万之巨，没有大量银币军费支撑是站不住脚的。1925年刘文辉升任四川军务帮办，入据成都。刘文辉抢来四川机械局后，为平息各路军阀的怒气，宣布用来修理机械，厂名相应更改为"24军机械修理厂"。实际上就成了刘文辉24军的造币厂。1927年5月，刘文辉占领刘成勋的雅安前，铸造的是"点国无点民"版壹圆银币（此时尚无1928年才出现的新汉字"国民无点"银币），成都兵工分厂（四川机械局）只能是"点国无点民"版壹圆银币。能够生产这么大的量而且没有"国民无点"版式的两点造只可能由刘文辉生产。邓锡侯有成都造币厂、田颂尧有兵工厂（各部均自行生产）、刘湘有重庆铜元局。5角银币流行后改铸生产5角银币，以寻求最大利润。1928年成都造币厂改铸壹圆银圆后，开始继续用原模铸造壹圆银币，故两点造没有"国民无点"版式。在雅安造币厂铸造"漢"版5角银币及四川卢比银币。

用排除法也可以确定"两点造"是刘文辉部生产的。

以前认为两点造是邓锡侯部谢德堪旅在四川机器局（还称四川实业机械厂）生产的。因为邓锡侯部、刘文辉部、田颂尧部都是同期发展起来的大军阀，存在时间比较长，军队也多。但是邓锡侯有成都造币厂，使用的是成都造币厂厂版和半圆，谢德堪旅还不是非常独立，如果为其自己生产，一个旅这么大规模生产两点造也没有这么多军队用；如果是邓锡侯部生产的则理论上有点重复，没有多少必要。因此，排除了邓锡侯及其下谢德堪旅四川机器局生产的可能。

田颂尧部防区则主要使用半圆，其掌握的兵工厂有重型生产机器。其防区主要是川西北，各师旅都有各自的造币厂，所生产银币的风格多是使用仿甘肃沙版100文的小圈技术和甘版四川百文铜币廿双飞技术。如果田颂尧部生产的是两点造的话，1928年后田颂尧部继续生产两点造就应该有民国无点的两点造。结果没有民国无点的两点造出现，因此两点造也不可能是田颂尧部生产。

刘存厚也是老牌军阀，但是各种资料证实，刘存厚的币钢模是在川外制做的（如《川陕革命根据地货币史》104页特别提到"刘存厚从上海刻制的军政府造四川银币钢模"），使用的是正规造币厂机器刻制的模具。也说明刘存厚的币钢模具有外省造币厂的风格，既具有楷体的风格。而在整个川版中，只有肥川和大点金具有欧体风格。大点金证明是重庆生产的，肥川只可能是刘存厚部生产的。两点造排除是刘存厚部生产。

赖心辉部防区割据时间也长，军队也众多。但是赖心辉部已经通过周版大洋确定了是合江版，也排除了生产两点造可能。

杨森也是老牌军阀。1925年其发动"统一全川"之战，失败后逃往汉口。1926年2月才返川占据下川东，重掌旧部。10月易帜任国民革命军第20军军长。1927年4月，率部出川进攻武汉国民政府。回川后因收留兵败入川的吴佩孚，于1928年1月被南京政府免职，5月所部发生内讧。1929年败走广安。因此，1925年主川时期经营成都造币厂，主要生产半圆成都厂版。1925—1928年期间在川时间短，加之没有规模生产机器，也排除了生产两点造可能。这也可以证明为什么向造中的点国无点民版非常少，而国民无点版的多（大部分是杨森在1928年后生产的）。

刘湘部生产的是重庆版。

刘成勋也是老牌军阀。但是没有多少部队，直属只有2师1旅，鲜有战事，银币不可能有两点造这么多版。刘文辉1927年6月占领刘成勋新津、邛崃、雅安各属，兼任川康边防总指挥，同时占领原西康屯垦使兼23军军长刘成勋在驻防西康时候在建造的造币厂。具有两点造和军阀仿成都圆口造的共同风格的川康版（二刘版）将他们连接起来了。这证明刘成勋在驻防西康时候生产的是军阀仿成都圆口国，也排除了生产两点造可能。

因此，两点造是由刘文辉部在成都生产的，时间是三军共管成都时期。

刘文辉是1923年（点国无点民版时期）崛起的军阀，两点造是二刘（刘湘、刘文辉）大战之前刘文辉生产的用于军饷的银币，因此是点国无点民版。二刘（刘湘、刘文辉）大战之后，刘文辉败走雅安后，生产的是国民无点版银币（就是雅版）。因此，没有国民无点版的两点造。

1931年3月，顺庆之战中，刘文辉进攻李家钰，占华阳、简阳、安岳、遂宁、乐至，夺取了李家钰遂宁兵工厂和造币厂。可能生产过既有两点造风格又有走之造风格的"两走版"。

（七）军阀仿成都圆口国 刘成勋造

一、军阀仿成都圆口国——仿成都造币厂斜头军版（刘成勋时期）1924年前

（一）厚帽缘汉背116点版（图98）CB-98

特　征：正面厚帽缘汉、背面左歪口造、圆口国、116点

经纬线DNA：54-54　36-36

重　量：25.9克

参考价：2000元（中品）—4000元（上品）

（二）厚帽缘汉背122点版（图99）CB-99

特　征：正面厚帽缘汉、背面右歪口造、圆口国、122点

经纬线DNA：54-54　36-36

重　量：24.7克

参考价：2000元（中品）—4000元（上品）

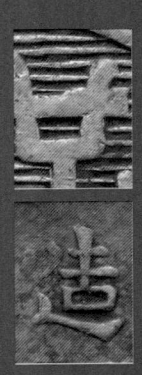

（三）厚帽缘汉背123点版（图100）CB-100

特　征：正面厚帽缘汉、背面正口造、圆口国、123点

经纬线DNA：54-54　36-36

重　量：25.7克

参考价：2000元（中品）—4000元（上品）

（四）清民清政版（图101）CB-101

 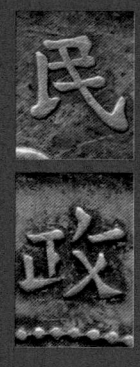 

特　征：清民、清政、大口造、圆口国、116点

经纬线DNA：55-55　35-35

重　量：25.8克

参考价：3000元（中品）—6000元（上品）

（五）糊民糊政版（图102）CB-102

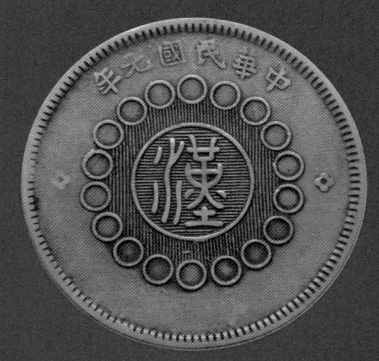  

特　征：糊民、糊政、大口造、圆口国、116点

经纬线DNA：55-55　35-35

重　量：25.3克

参考价：3000元（中品）—6000元（上品）

（六）117点版（图103）CB-103

特　征：大口造、圆口国、117点

经纬线DNA：50-49　34-34

重　量：25.7克

参考价：3000元（中品）—6000元（上品）

（七）120点版（图104）CB-104

特　征：大口造、圆口国、120点

经纬线DNA：52-52　33-33

重　量：25.9克

参考价：3000元（中品）—6000元（上品）

（八）川康版（二刘版），说明生产该币时候，刘文辉已经夺取了刘成勋的西康防区了，时间是1927年6月。经纬线50-52 33-33，（见图97）

二、军阀仿成都扁口造 1924年到1927年

（一）水波线版（图105）CB-105

特　征：水波线、扁口造、分头军

经纬线DNA：45-45　32-32

重　量：22.9克

参考价：2000元（中品）—4000元（上品）

（二）粗汉版（图106）CB-106

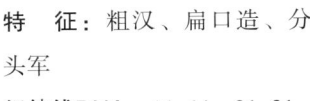

特　征：粗汉、扁口造、分头军

经纬线DNA：44-44　31-31

重　量：23.7克

参考价：1000元（中品）—2000元（上品）

（三）细汉版（图107）CB-107

特　　征：细汉、扁口造、分头军

经纬线DNA：45-45　32-31

重　　量：24.0克

参考价：2000元（中品）—4000元（上品）

（四）连头军版（图108）CB-108

特　　征：细汉、扁口造、连头军

经纬线DNA：44-45　32-32

重　　量：24.1克

参考价：2000元（中品）—4000元（上品）

（五）断头汉版（图109）CB-109

特　　征：断头汉、扁口造、分头军

经纬线DNA：44-45　32-32

重　　量：22.4克

参考价：2000元（中品）—4000元（上品）

刘成勋造币厂

原川军总司令刘成勋兼西康屯垦使及23军军长在驻防西康时候建造的造币厂，其地址不详，由于其后方设立在新津，而且后来刘文辉将其成都的造币厂机器安置在新津，估计其造币厂地址设在新津。

刘成勋原为老牌军阀，长期经营西康18县。1920年熊克武退往阆中后将部队进行了扩编，刘成勋部编为第3军。刘成勋率第3军参加熊克武在四川的混战，属于维持地方性质的偏师，战斗力不强。1922年成都各军组织省联军，推第3军军长刘成勋为四川军总司令兼省长，名义上主持四川军政。1923年1月刘成勋以川军总司令名义通令全军裁兵，又引发混战。1923年4月，孙中山回粤兴师讨贼。孙中山说服熊克武，与四川国民党实业团联合讨贼，双方表示同意。6月，孙中山任命熊克武为四川讨贼军总司令，刘成勋为川军总司令兼省长。1924年3月，四川讨贼之战失败。刘成勋脱离熊克武国民党系列。

1927年5月杨森进攻武汉国民政府，刘文辉乘混乱支持邓锡侯等乘虚进袭重庆，邓锡侯则支持刘文辉吞并刘成勋防区。结果，刘湘见势不利，即让回万县给杨森，回师击退邓锡侯等的进袭。刘文辉则以10天时间席卷刘成勋上川南防地，占领了刘成勋西康防区和造币厂，实力大增。

1924年3月之前，刘成勋部军饷由熊克武发，不存在造币条件。因此，刘成勋在驻防西康时候建造的造币厂只可能是1924年3月脱离熊克武国民党系列之后到1927年5月刘文辉占领了刘成勋西康防区和造币厂之间存在的。生产的自然是仿成都造币厂斜头军版（刘成勋时期），加之曾经出任过川军总司令兼省长，故仿成都造币厂斜头军版——军阀仿成都圆口国版银币的生产工艺质量水平风格均符合成都造币厂厂版的标准。

刘成勋部有人、枪1万4，1924年3月到1927年5月之间少有战事，平时税收足够支持军饷，故生产银币比较少。

刘成勋防区

1918年7月防区：雅安、大邑、邛崃、蒲江、丹棱、汉源、名山、荥经、芦山、天全、盐源、盐边、会理、昭觉、越西、冕宁、西昌；

1919年防区：雅安、大邑、邛崃、蒲江、汉源、名山、荥经、芦山、天全、盐源、盐边、会理、昭觉、越西、冕宁、西昌；

1920年防区：雅安、大邑、邛崃、蒲江、汉源、名山、新津；

1921年7月防区：成都、遂宁、乐山、重庆、雅安、新津、双流、温江、崇庆、大邑、蒲江、邛崃、洪雅、夹江；

1922年防区：雅安、新津、双流、温江、崇庆、大邑、蒲江、邛崃、洪雅、夹江；

1923年防区：雅安、新津、双流、温江、崇庆、大邑、蒲江、邛崃、洪雅、夹江；

1924年防区：雅安、新津、双流、温江、崇庆、大邑、蒲江、邛崃、洪雅、夹江；

1925年3月防区：雅安、新津、双流、温江、崇庆、大邑、蒲江、邛崃、洪雅、夹江；

1925年8月—1927年5月防区：雅安、邛崃、大邑、蒲江、双流、新津、温江、崇庆、彭山、丹棱、名山、荥经、芦山、天全、清溪、盐源、会理、越西、冕宁、西昌；

1927年5月后防区被刘文辉夺去，失去防区。

(八) 肥川

刘存厚造币厂

一、撇点造版

（一）斜巾版（27-27纬版）

1、旦国版（图110）CB-110

特　征：旦国、斜巾、撇点造、122点环

经纬线DNA：41-41　27-27

重　量：26.1克

参考价：7000元（中品）—14000元（上品）

2、口国版（图111）CB-111

特　征：口国、斜巾、撇点造、122点环

经纬线DNA：42-43　27-27

重　量：25.7克

参考价：7000元（中品）—14000元（上品）

（二）斜经纬版（27-28纬版）（图112）CB-112

特　征：斜经纬、撇点造、118点环

经纬线DNA：42-41　7-28

重　量：25.6克

参考价：5000元（中品）—10000元（上品）

（三）厂点年版（30-30纬版）
1、大字版（图113）CB-113

特　征：大字、大花、撇点造、二连年、126点环

经纬线DNA：44-45　30-30

重　量：26.2克

参考价：4000元（中品）—8000元（上品）

2、小字版（图114）CB-114

特　征：小字、小花、撇点造、三连年、123点环

经纬线DNA：47-47　30-30

重　量：26.4克

参考价：4000元（中品）—8000元（上品）

（四）熔环版（28-28纬版）（图115）CB-115

 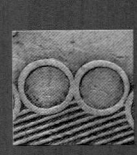 

特　征：9点熔环、撇点造、118点环

经纬线DNA：43-43　28-28

重　量：26.0克

参考价：3000元（中品）—6000元（上品）

二、捺点造版

（一）横点年28-28纬版

1、横点年不连造版背112点（图116）CB-116

特　征：43-43 28-28、112点环、不连造、横点年

经纬线DNA：43-43　28-28

重　量：25.0克

参考价：1000元（中品）—2000元（上品）

2、横点年三连造版背115点（图117）CB-117

特　征：43-43 28-28、115点环、横点年、三连造

经纬线DNA：43-43　28-28

重　量：25.9克

参考价：1000元（中品）—2000元（上品）

（二）细横点年29-29纬版（图118）CB-118

特　征：43-43 29-29、112点环、细横点年

经纬线DNA：43-43　29-29

重　量：25.5克

参考价：1000元（中品）—2000元（上品）

（三）31-31纬版

1、插点年版107点（图119）CB-119

特　征：49-4931-31、107点环、插点年、翘头民

经纬线DNA：49-49　31-31

重　量：25.5克

参考价：1000元（中品）—2000元（上品）

2、翘点年版108点（图120）CB-120

特　征：翘点年、52-5031-31、108点环、红军风格内齿

经纬线DNA：52-50　31-31

重　量：25.5克

参考价：1500元（中品）—3000元（上品）

（四）32-32纬版

1、小点年版背109点（图121）CB-121

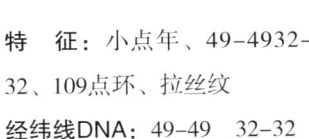

特　征：小点年、49-4932-32、109点环、拉丝纹

经纬线DNA：49-49　32-32

重　量：25.8克

参考价：2000元（中品）—4000元（上品）

2、挂点年版50-5032-32（图122）CB-122

特　征：挂点年、50-5032-32

经纬线DNA：50-50　32-32

重　量：25.3克

参考价：1000元（中品）—2000元（上品）

3、竖点年版背110点（图123）CB-123

特　征：竖点年、51-5132-32、110点环

经纬线DNA：51-51　32-32

重　量：25.4克

参考价：1000元（中品）—2000元（上品）

（五）横点年33-32纬版（图124）CB-124

特　征：横点年、49-4933-32、111点环、连点府

经纬线DNA：49-49　33-32

重　量：25.0克

参考价：1000元（中品）—2000元（上品）

（六）33-33纬版

1、下粘点年版107点环（图125）CB-125

特　征：48-49 33-33、107点环、下粘点年、大壹

经纬线DNA：48-49　33-33

重　量：25.8克

参考价：1000元（中品）—2000元（上品）

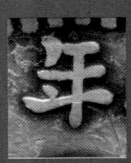

2、横点年版110点环（图126）CB-126

特　征：49-50 33-33、110点环、横点年

经纬线DNA：49-50　33-33

重　量：25.4克

参考价：1000元（中品）—2000元（上品）

3、上粘点年版115点（图127）CB-127

特　征：50-49 33-33、115点环、上粘点年

经纬线DNA：50-49　33-33

重　量：26.0克

参考价：1500元（中品）—3000元（上品）

4、葫芦点年版109点（图128）CB-128

特　征：50-5033-33、109点环、葫芦点年、上浮银、小豆

经纬线DNA：50-50　33-33

重　量：25.1克

参考价：1000元（中品）—2000元（上品）

5、葫芦点年版110点（图129）CB-129

特　征：50-5033-33、111点环、葫芦点年、上浮币、大豆

经纬线DNA：50-50　33-33

重　量：24.6克

参考价：1000元（中品）—2000元（上品）

6、竖点年上浮币版110点（图130）CB-130

特　征：51-5033-33、110点环、竖点年、上浮币、两连造

经纬线DNA：51-50　33-33

重　量：26.0克

参考价：1000元（中品）—2000元（上品）

7、竖点年上浮银版107点（图131）CB-131

特　征：51-5033-33、107点环、竖点年、上浮银

经纬线DNA：51-50　33-33

重　量：26.0克

参考价：1000元（中品）—2000元（上品）

8、球点年版109点（图132）CB-132

特　征：52-5133-33、109点环、球点年、椎突汉

经纬线DNA：52-51　33-33

重　量：25.4克

参考价：1000元（中品）—2000元（上品）

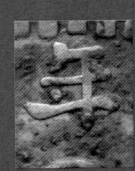

（七）缺口民版33-34（图133）CB-133

特　征：51-5233-34、121点环、缺口民

经纬线DNA：51-52　33-34

重　量：25.4克

参考价：1000元（中品）—2000元（上品）

（八）34-34纬版

1、竖点年49-4934-34版（图134）CB-134

特　征：49-4934-34、竖点年

经纬线DNA：49-49　34-34

重　量：25.4克

参考价：1000元（中品）—2000元（上品）

2、下粘点年49-5034-34版108点（图135）CB-135

特　征：49-5034-34、下粘点年、小壹

经纬线DNA：49-50　34-34

重　量：25.1克

参考价：1000元（中品）—2000元（上品）

（九）竖点年34-35纬版（图136）CB-136

特　征：52-5234-35、109点环、竖点年

经纬线DNA：51-52　33-34

重　量：26.2克

参考价：1000元（中品）—2000元（上品）

（十）35-35纬版

1、细字汉51-5135-35版（图137）CB-137

特　征：51-5135-35、竖点年、细字汉、112点环

经纬线DNA：51-51　35-35

重　量：25.7克

参考价：3000元（中品）—6000元（上品）

2、斜点年52-5235-35版（图138）CB-138

特　征：52-5235-35、斜点年、107点环

经纬线DNA：52-52　35-35

重　量：25.6克

参考价：1000元（中品）—2000元（上品）

3、长城53-5335-35版（图139）CB-139

特　征：53-5335-35、斜点年、107点环、长城垛

经纬线DNA：53-53　35-35

重　量：25.3克

参考价：2000元（中品）—4000元（上品）

刘存厚的肥川版和达县造币厂

刘存厚（1884—1960），字积之，简阳人，清末举人。北洋政府陆军上将，将军府崇威将军，日本陆军士官学校中国队第6期步科毕业，与阎锡山、唐继尧是同学。

刘存厚在日本陆军士军学校毕业后回国，任云南讲武堂教官、新军19镇管带，参加了云南辛亥重九起义，任云南援川军参谋长。1912年任四川陆军第2师师长，9月19日授陆军中将衔，后兼重庆镇守使。1915年参加护国战争，任四川护国军总司令、肇庆护国军务院抚军。1916年1月22日，加上将衔。1917年任四川督军，4月25日授将军府崇威将军。1923年，任川陕边防督办兼四川陆军检阅使。1924年1月29日授陆军上将衔，5月6日防区有达县、宣汉、渠县、大竹、开江、万源、城口。1926年渠县被罗泽洲强占，大竹被刘湘抢占，开江被杨森占领。1927年后任国民革命军23军军长。1930年，以四川防区达县、宣汉、万源、城口四县为基地，出兵陕南，占领镇巴、西乡、城固、洋县、汉阴、石泉、沔县等8县。

1925年的整个达县、宣汉、万源、城口四县仍然属于北洋军阀势力范围，防区是由吴佩孚调走北洋军刘宝善旅后委派给刘存厚的。而这时的四川军阀防区则是反对吴佩孚的。因此，刘存厚的防区无法得到成都造币厂配给的银圆，而北洋军阀势力范围内执行的仍然是壹圆银币主币制度（也包括听命于北洋军阀的杨森防区），为此刘存厚委任其参谋长刘弼良负责兵工厂和造币厂的修建和生产。制币的钢模在上海定造。造币厂在安装好内燃机后开始生产的，内燃机10月完工。因此，第一批"刘存厚"肥川版银圆是在1925年10月生产的，直到1933年10月结束，共生产了8年。生产的顺序为：纬线数27到35，包括竖点年、斜点年、上点年、下点年、横点年、圆点年、粘点年。其中有斜边齿。现在已经查明的经纬线有（以纬线顺序降列）53-53 35-35、52-52 35-35、51-51 35-35、52-52 34-35、53-53 34-34、52-52 34-34、49-50 34-34、53-53 34-33、52-52 33-33、51-50 33-33、50-50 33-33、50-49 33-33、48-49 33-33、50-50 33-32、49-49 33-32、51-51 32-32、48-48 32-32、52-50 31-31、51-49 31-31、47-47 30-30、44-45 30-30、44-45 30-29、43-43 29-29、44-43 28-28、43-43 28-28、42-41 27-28、41-40 28-27、42-43 27-27、41-41 27-27。生产顺序相反。

军阀生产的银圆与各个军阀所在的地区、时间段、造币技术人员的来源有直接关系。1926年刘存厚制造银币不可能是以2年后1928年开始生产的新"汉"字银圆为模版，以1919年前老版银圆模仿则可能引起人们怀疑制假，反而用不出去。因此只能是以当年1923年成都造币厂生产点国无点民版进行仿制，刘存厚生产的军政府壹圆银币时还没有新"漢"字银圆，只能是仿点国无点民版，而且应该是在点国无点民版"左纬线-右纬线33-33版"基础上仿制的。结合有斜边齿和直边齿两种大版式等方面进行分析比较，可以推断所谓的"肥川"就是我们寻找很久的刘存厚版军政府壹圆银币。

因此，"肥川"就是刘存厚在达县生产的。

关于"肥川"和"刘存厚"版的关系

肥川是我们熟悉的版式，因为有人认为其字体"肥宽"而得名。其实"川"字并不肥硕，而"四"字则要比"川"显得更宽胖些，由于整个字体偏肥大故也称"大字版军政府"，还有"遒劲体"等名称。相比之下，肥川还容易为他人接受，更习惯，毕竟是外号而已。近年来经过研究，不用认肥川就是刘存厚在割据达县防区时候制造的。

主要的依据有：

1. 相关资料证实，刘存厚的币钢模是在川外制做的（《川陕革命根据地货币史》104页特别提到"刘存厚从上海刻制的军政府造四川银币钢模"），使用的是正规造币厂机器刻制的。而刘存厚又有带币模的习惯（1918年2月川滇黔靖国联军攻入成都时，刘存厚就大肆窃掠过成都造币厂带币模退往陕南汉中。1921年3月刘湘发动了驱刘存厚之战，刘存厚又带币模离川逃往陕南宁羌）。前者造成了点国无点民大中方头汉等的出现，后者造成了点国无点民大中花的出现。1933年红军进攻达县时，由于币模被刘存厚带走故只能重新制模，因红军没有设备只能手工或者半机械刻制。因此银圆的形态与原来刘存厚的肥川完全不一样，也就是说刘存厚制造的银圆没有手工痕迹而红军造的则有。故凭手工痕迹来证明是刘存厚在割据达县防区时候制造的就讲不走了。这说明我们原来认为的"刘存厚"版其实是红军苏区版。同时也说明，刘存厚的币钢模具有外省造币厂的风格，即具有楷体的风格。而在整个川版中，只有"肥川"和大点金具有欧体风格。

2. 红军版和48-49 33-33的肥川有斜边齿，前者是左上到右下的斜边齿，后者是右上到左下的斜边齿。通过比较，这些银圆的齿边间齿距也是一样的，这说明早期的红军版与中晚期的肥川版使用的是同一类生产工艺，即红军在宣达战役中缴获的滚边技术，继承了斜边齿的设计风格，继续在红军版中使用。这种继承关系在整个川版中是决无仅有的。斜边齿可能是模圈偏大、冲压跳圈造成的，也说明苏区版和肥川的边齿的生产工艺不同于成都造币厂的模圈工艺。

3. 中晚期肥川的18圈徽与红军版的18圈徽设计规律和形态十分相似，都是紧密挤压在一起，并且出现溶环（两个环连在一起）现象。这种溶环现象最早频繁出现在刘存厚1920年成都造币厂大散花中，这也是一种继承关系。这在其他军政府银币中也是少见的。

4. 绝大多数"造"字的点为捺点，与苏区版"造"字的点的方向是一模一样的。其他军政府银币中"造"字的点都是撇点，与之刚好相反。中晚期肥川的中花与苏区版的形态风格也十分相似，是大中花，且在4-5点钟处出现连花，同时伴有2处露齿点。设计风格是一样的。只有纬线30-30以下的"造"字的点都是撇点。

5. 肥川的字体与红军版的字体都是接近欧体风格。而其他军阀版则更接近魏碑体风格。除了红军版的"漢"在笔画转折处无法刻成圆弧形外，其他刻模字体与晚期的肥川如出一辙。

6. 晚期肥川的重量与早期的苏区版的重量也是十分接近的。按照成色来看都是低银，为25克80%左右，说明在生产配料方面是相同的。即红军在宣达战役中缴获的半成品银圆经过重新制模再加工生产出的早期红军版银圆与晚期的肥川在成色重量上是相同的。

7. 肥川的竖点年、斜点年、横点年、球点年与红军版的竖点年、斜点年、横点年、球点年十分相似，特别是竖点年也是其他大军阀银圆少有的。

8. 早期西寺苏区版58-58 34-36与肥川53-53 35-35版正面1-2点钟位置都有城墙式的城垛纹。这种城垛纹在红军500文铜版上是比较常见的。这也证明他们的工艺同源。

设计刻模红军版的是袁师傅，其开始是成都造币厂的制模师傅，后来刘存厚利用关系让他来达县制造刘存厚币，红军占领达县后他又来到川陕苏区继续设计刻制红军版。因此，这三种币技术风格之间有明显的前后对应关系。

达县造币厂

1. 1919年2月建，该兵工厂位于城西讲武场，主要设备是从日本购制的。1924年陕军刘宝善旅抢劫兵工厂主机出川。

2. 1924年冬，刘存厚为川陕边防督办兼四川陆军检查使，驻防达县、宣汉、万源、城口四县。12月底，刘存厚来到达县城北门偏西的三圣宫和桑树院、达县靖国军司令颜德基兵工厂，刘存厚在察看了厂房和了解生产情况后，并没有马上生产。原颜德基兵工厂有长1丈2尺的机床（明治年造）、刨床、零式钻床各1台，是其利用日本的关系从日本购买并委托日方技师安装的，技术人员主要是江苏和浙江招聘的工人。随后又在罗江口设立造币厂。1925年刘存厚先后通过吴佩孚的关系从英国进口了车床及大小滚边机、碾片机、冲坯机、制模机，从德国进口了拉线机、熔炉、内燃机，充实了兵工厂和造币厂。同时，刘存厚以成都聘来技术工程师陈宝庸、原颜德基留下江浙技术人员王一生、原刘存厚宣汉南坝修理所抽调来的技工郭栋臣为核心组成技术班子，其中由陈宝庸、廖清和、何洋洲负责造币厂的技术问题。随后，从简阳、内江、成都、重庆和当地招聘了一批工人，开始进行铸币生产。

3.《达县县志》记载，1926年，驻军刘存厚在罗江口秘密设立造币厂，将大200铜元改铸小200铜元，小钱、50文以下铜元铸尽。同时，减成色铸造劣质川版银圆，在辖区内强行流通。后造币厂迁宣汉南坝场，其下属师长魏声华继续私铸劣质半圆银币，流通当地。

4.《达县地区金融志》2004年版10页记载：民国十七年（1928），川陕边防督办刘存厚在达县密设造币厂，仿铸"十八圈川版"银币和"小二百文"铜元。

同书63页记载：民国十七年驻达川陕边防督办刘存厚密设造币厂，仿铸小二百文铜元，川版、袁头银元，质量较劣。

宣汉南坝造币厂

1925年—1926年刘存厚部魏声华在宣汉南坝以手摇机鼓铸银半圆。

刘存厚防区

1917年7月防区：汉中、沔县、宁羌、城固、西乡、石泉、汉阴；

1920年防区：广元、昭化、剑阁、梓潼、绵阳、广汉、什邡、德阳；

1921年防区：无；

1924年5月防区：达县、宣汉、渠县、大竹、开江、万源、城口；

1925年3月防区：达县、宣汉、万源、城口、开江；

1925年8月24日防区：达县、宣汉、万源、城口、开江、渠县；

1928年10月防区：达县、宣汉、万源、城口、开江；

1930年防区：达县、宣汉、万源、城口、镇巴、西乡、城固、洋县、汉阴、石泉、沔县等县；

1931年防区：达县、宣汉、万源、城口；

1932年防区：达县、宣汉、万源、城口；

1933年11月防区：无。

（九）走之造

遂宁第二造币厂

一、走斜造版（图140）CB-140 1928年左右

 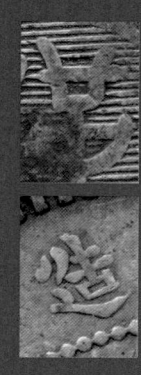 

特　征：正面是走之造、背面是斜造、国不连边、115点环

经纬线DNA：51-49　34-35

重　量：26.5克

参考价：7000元（中品）—14000元（上品）

二、走之造版1928年后

（一）走折之造版

1、左飞汉版（图141）CB-141

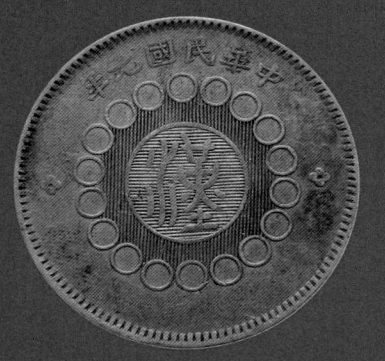  

特　征：小方头汉、左飞、走折之造、华左右十字一样高、戈不连左右边、109点环

经纬线DNA：50-49　34-34

重　量：25.6克

参考价：4000元（中品）—8000元（上品）

2、小方头版（图142）CB-142

特　征：小方头汉、走折之造、华左十高、国不连边、111点环

经纬线DNA：52-50　35-35

重　量：25.3克

参考价：5000元（中品）—10000元（上品）

（二）走之造版
1、加纬线版（图143）CB-143

特　征：加纬线、左十高华、左飞汉、走之造、戈连左、大走、有眼边花、120点环

经纬线DNA：52-54　34-35

重　量：26.3克

参考价：4000元（中品）—8000元（上品）

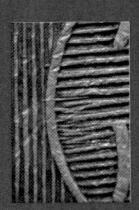

2、右十高版有眼边花（图144）CB-144

特　征：右十高华、左飞汉、走之造、戈连左、大走、有眼边花、低银、110点环

经纬线DNA：50-49　35-35

重　量：24.9克

参考价：4000元（中品）—8000元（上品）

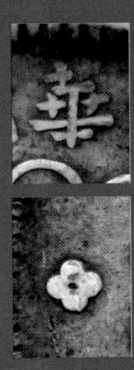

3、右十高版无眼边花（图145）CB-145

特　征：右十高华、左飞汉、走之造、戈连左、大走、无眼边花、高银、111点环

经纬线DNA：50-49　35-35

重　量：26.5克

参考价：4000元（中品）—8000元（上品）

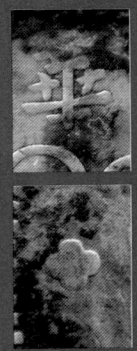

4、左十高版月牙（图146）CB-146

特　　征：左十高华、左飞汉、走之造、戈连右、小走、18小圈、12点月牙、120点环

经纬线DNA：50-49　37-37

重　　量：25.6克

参 考 价：4000元（中品）—8000元（上品）

5、左十高版无月（图147）CB-147

 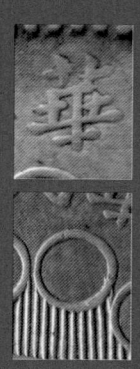 

特　　征：左十高华、左飞汉、走之造、戈连右、小走、无月、120点环

经纬线DNA：50-49　37-37

重　　量：25.5克

参 考 价：4000元（中品）—8000元（上品）

南充、遂宁造币厂的上下家

李家钰（1892—1944），字其相，蒲江人。追晋陆军上将，四川陆军军官学校第3期毕业。系军官系首领。生于蒲江大兴场窗子坝。1909年入四川陆军小学堂第4期。1913年赴南京参加柏文蔚将校团讨袁，参加攻打上海江南制造局之役。1915年从四川陆军军官学校第3期毕业，在川军任见习军官，继在川军第3师邓锡侯部任团长、旅长。1923年9月4日授陆军少将衔。1924年任第1师师长，8月16日授中将衔。1925年，杨森发动"统一全川战争"后，李家钰联合刘湘等部倒杨，先后攻下荣昌、内江、仁寿等县，进占成都烟酒总局和造币厂。同年，在四川军阀争夺防区中，李家钰占有安岳、遂宁、乐至、潼南等县，成为又一个"遂宁王"。1927年，赖心辉被刘文辉等人合谋扣留后，李家钰接充四川边防军总司令。

1925年7月，川军第1师李家钰进驻遂宁防区。1928年，辖华阳、简阳、安岳、遂宁、乐至、蓬溪、潼南7县。1929年，李家钰在遂宁开设鑫记钱庄，实际上是边防军的金库，同时也进行银行业务。1931年3月刘文辉进攻李家钰，占华阳、简阳、安岳、遂宁、乐至，夺取了李家钰遂宁兵工厂和造币厂。4月21日李家钰被刘文辉打败，退往割据营山、蓬安两县，5月李家钰部整编为邓锡侯部1师驻防仪陇、营山、蓬安三县，师部设周口，并在南部谢家河安置后方机关和造币厂。军饷由刘湘、刘文辉、杨森、田颂尧拨款10万及射洪、蓬溪1/3税收资助。

军官系是新汉字银圆时期崛起的四川新生代军阀，他们主政期间由于是1928年后，故都没有生产点国无点民版。而李家钰的"走之造"通过"走斜版"找到了上家"斜造"，李家钰的上任陈国栋的"斜造"就出来了；罗泽洲的"萝卜四"通过"萝歪版"找到了上家"军阀歪头汉"（军阀走之造），罗泽洲的上家何光烈的"军阀走之造"就出来了。陈国栋的"斜造"、何光烈的"军阀走之造"都是点国无点民版。

何光烈的"军阀走之造"是点国无点民版，"军阀走之造"点国点民版就是何光烈的上家石青阳版。因此，"军阀走之造"点国点民版就是石青阳割据南充15县期间生产的。

为什么是罗泽洲部生产萝卜四而不是走之造呢？为什么是南充生产萝卜四而不是走之造呢？

从时间上看，1917年（点国点民版时期）防区制形成时，南充是石青阳防区，1920年（点国无点民版时期）何光烈夺取了石青阳南充防区，1927年后（民国无点版时期）罗泽洲夺取了何光烈南充防区，1931年后罗附属李家钰驻武胜，后方安置在南部谢家河。

而1917年（点国点民版时期）防区制形成时，遂宁是吕超防区。1920年（点国无点民版时期）熊克武夺取了吕超遂宁防区，后陈国栋分得遂宁防区。1928年（民国无点版时期）后李家钰驻防遂宁，后败于刘文辉退驻蓬安周口镇，后方安置在南部谢家河。刘文辉是乎在遂宁用李家钰的造币厂生产过有两点风格的走之造。

由此，1917年（点国点民版时期）防区制形成时，石青阳是国民党实业团而熊克武是九人团，虽然同为国民党，他们之间矛盾重重，石青阳的军饷自理，自己造银元。吕超时为熊克武下属主力，是嫡系，则军饷充足，根本不需要自己造银圆。

因此，能够生产点国点民版的就只有南充防区的石青阳了。这就证明南充生产的是点国点民版军阀走之造、点国无点民版军阀走之造、民国无点版萝卜四；遂宁生产的是斜造、走之造。而红军缴获了南部谢家河造币厂，当然就有萝卜四的拉丝纹生产工艺了。

遂宁：陈国栋的斜造（点国无点民版）→李家钰的走之造（民国无点版）→刘文辉有两点造风格的走之造

南充：石青阳的军阀走之造（点国点民版）→何光烈的军阀走之造（点国无点民版）→罗泽洲萝卜四（民国无点版）

李家钰的造币厂

1.《四川省志·金融志》（1996年）163页中记载：1928年前，李家钰部李注东团在团部成都忠烈祠街设立成都忠烈祠街造币厂；李家钰部李注东在师部城隍庙设立华阳城隍庙造币厂。

2.《四川省志·金融志》（1996年）163页中记载：1928年前，李家钰部在遂宁防区师部设立遂宁第二造币厂。

3.《遂宁市志》记载：1930年，边防军总司令李家钰在遂宁大南街禹王宫内开办兵工厂和造币厂，在九皇宫和王爷庙开办了子弹厂、手榴弹厂、硫酸厂，在三元宫、杨泗庙开办白药厂，从成都银圆厂、重庆铜元局和刘文辉万能机械厂购买了工作母机，聘请湖北汉阳兵工厂技师徐宝山和成都造币厂技师黎某生产各种武器、铸造银圆铜元，还制造救火水龙头，共计有工人1千余。

4.《成都市志·金融志》（2000年）67页中记载：1928年前，李家钰部李注东在成都忠烈祠街和城隍庙设立军方私设造币厂。

5.《南充金融志》(重庆大学出版社1994年版)90页记载：1923-1924年，南充地区军阀混战，各地在造币厂中尽争渔利。李家钰在营山县设立造币厂，仿造大二百、小二百、当一百铜元。

6.多种文史资料证明：1925年邓锡侯刚进成都时分得造币厂，邓部杨秀春旅先入成都，马上派兵占领造币厂，邓部另一部李家钰师长以兵力众多相威胁，从其手中强夺了造币厂，引起其他师长旅长不满。邓锡侯为了平息众怒，自兼造币厂厂长。10月李家钰在交厂时，其弟李注东即将铸造厂半元的铜模带走，在忠烈祠街边防军司令部和城隍庙秘密私铸。

7.《川陕革命根据地货币史》(2003年版)102页记载：1933年下半年，红军地方武装在南部谢家河攻占了川军李家钰的一个造币厂，留下几十个工人和管理人员，苏维埃政府就地造了模子，利用缴获的机器和铜料，铸造带镰刀斧头图案的大200文铜元，时间不长，数量也不大。

李家钰防区

1924年10月防区：广安；

1925年5月防区：华阳、简阳；

1926年防区：华阳、简阳、遂宁、安岳、蓬溪等；

1928年10月防区（边防军）：华阳、简阳、乐至、安岳、蓬溪、遂宁、潼南；

1930年防区：华阳、简阳、乐至、安岳、蓬溪、遂宁、潼南、南充、西充、蓬安；

1931年防区：蓬安周口镇；

1932年防区：蓬安周口镇；

1933年防区：营山；

陈国栋防区

1920年12月前防区：合川；

1920年12月防区：遂宁、蓬溪、潼南；

1924年10月防区：遂宁、安岳、潼南；

1925年3月防区：遂宁、蓬溪、潼南、长寿。

吕超防区

1918年7月防区：彰明、江油、北川、平武、梓潼、罗江、安县、绵阳、德阳、遂宁、乐至、射洪、三台、中江、盐亭、安岳、乐至；

1919年4月防区：彰明、江油、北川、平武、梓潼、罗江、安县、绵阳、德阳、遂宁、乐至、射洪、三台、中江、盐亭。

（十）斜造

遂宁造币厂

一、大头小肚版（图148）CB-148
1928年前（1925年左右）

 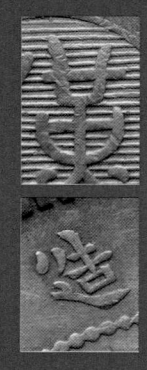 

特　征：大头、小肚、两点年、穿经环、斜造、119点

经纬线DNA：43-43　29-29

重　量：25.6克

参考价：3000元（中品）—6000元（上品）

二、小头大肚版（图149）CB-149
1928年前（1925年左右）

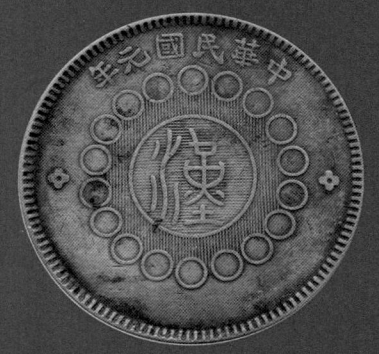  

特　征：小头、大肚、斜造、112点

经纬线DNA：56-57　38-39

重　量：25.2克

参考价：3000元（中品）—6000元（上品）

三、大头大肚版（图150）CB-150
1928年前（1925年左右）

特　征：大头、大肚、斜造、116点

经纬线DNA：49-48　31-31

重　量：27.5克

参考价：3000元（中品）—6000元（上品）

四、小头小肚版1928年前（1925年左右）

（一）飘点四版（图151）CB-151

特　征：小头、小肚、斜造、飘点四、113点环

经纬线DNA：51-53　37-38

重　量：26.6克

参考价：3000元（中品）—6000元（上品）

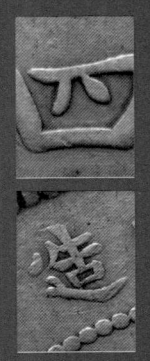

（二）垂点四版（图152）CB-152

特　征：小头、小肚、斜造、垂点四、背面是走斜造的背面、115点

经纬线DNA：52-53　37-37

重　量：28.2克

参考价：3000元（中品）—6000元（上品）

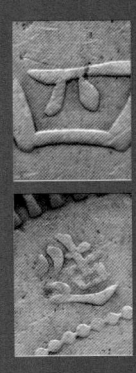

陈国栋造币厂

陈国栋原名言保，授三等嘉禾章、陆军少将军衔。

1909年任33协排长，1906年顶替病故的"陈国栋"进入四川官弁学堂第二期，1912年后任刘存厚师连长、营长、团长。1917年任刘存厚部旅长。1918年护法战争中保持中立。1920年投降熊克武，被任命为第7师师长。陈国栋与熊克武有二心，1921年2月熊克武通电反对北京任官授勋令时候，陈国栋没有签名。熊克武、刘存厚督军之战中继续保持中立，巩固防区，购买军火，制造银币，扩充部队，积极避战。长期稳定驻扎遂宁防区，设立有造币厂，根据"走斜造"版推论，设立在遂宁的造币厂就是生产"斜造"和"走之造"的那个造币厂。"斜造"和"走之造"银币的边齿的工艺都是一模一样的。"走斜造"版上面继承"斜造"，下面联系"走之造"。

1923年1、3、边军与3、7师之战中，陈国栋集团实力削弱。1925年统一之战中，下辖7师暗投杨森、13师投田颂尧、31师投邓锡侯，陈国栋防区及造币厂被邓锡侯部李家钰占领。陈国栋集团退出川战。由于陈国栋防区稳定，参加川战时间短，铸币不多。

陈国栋防区

1920年12月前防区：合川；

1920年12月防区：遂宁、蓬溪、潼南；

1921年-1924年10月防区：遂宁、安岳、潼南；

1925年3月防区：遂宁、蓬溪、潼南、长寿。

(十一) 萝卜四

南充铜元局等

一、萝卜四版（民国无点版）1928年后
（南充铜元局造）

（一）乳丁汉连银版102点环（图153）CB-153

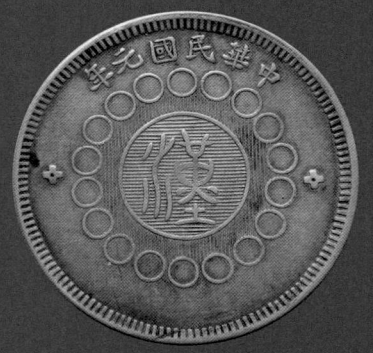 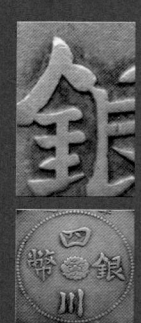 

特　征：乳丁汉、连银、102点环、萝卜四、U头汉、剑华、人之造

经纬线DNA：55-54　34-34

重　量：22.6克

参考价：8000元（中品）—15000元（上品）

（二）乳丁汉离银版110点环（图154）CB-154

特　征：乳丁汉、离银、110点环、萝卜四、U头汉、剑华、人之造

经纬线DNA：61-60　38-37

重　量：24.1克

参考价：8000元（中品）—15000元（上品）

（三）细长政版112点环（图155）CB-155

特　征：细长政、112点环、萝卜四、U头汉、剑华、人之造

经纬线DNA：52-52　35-33

重　量：25.5克

参考价：8000元（中品）—15000元（上品）

（四）针刺版115点环（图156）CB-156

特　征：针刺、115点环、萝卜四、U头汉、剑华、人之造

经纬线DNA：55-54　36-33

重　量：25.8克

参考价：8000元（中品）—15000元（上品）

（五）上坡版138点环（图157）CB-157

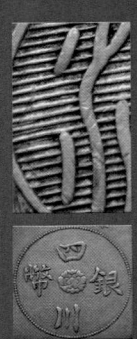

特　征：138点环、萝卜四、上坡、U头汉、剑华、人之造、连银

经纬线DNA：53-53　34-34

重　量：25.7克

参考价：8000元（中品）—15000元（上品）

二、前萝卜四（点国无点民）版（广安大梁城造币厂造？）

（一）三笔元版1927年前

1、宽走造（图158）CB-158

特　征：点国无点民、宽走、三笔元、仿萝卜四正面、分点四、分点银

经纬线DNA：45-45　31-31

重　量：21.9克

参考价：1500元（中品）—2000元（上品）

2、细走造（图159）CB-159

特　征：点国无点民、细走、三笔元、仿萝卜四正面、分点四、分点银

经纬线DNA：44-45　31-31

重　量：20.0克

参考价：1500元（中品）—2000元（上品）

（二）无眼边花版（图160）CB-160　1928年后

特　征：无眼边花、大字、仿萝卜四正面、分点四、分点银

经纬线DNA：47-50　28-28

重　量：25.1克

参考价：1500元（中品）—2000元（上品）

三、萝歪四版（图161）CB-161　1927年初

特　征：正面是萝卜四的正面、背面是军阀歪头汉的背面（军阀走之造）

经纬线DNA：58-57　38-38

重　量：25.1克

参考价：10000元（中品）—20000元（上品）

罗泽洲与南充铜元局

罗泽洲（1891—1950）原名鼎成，字平章，蒲江人。北洋政府陆军少将，四川陆军军官学校第2期毕业。生于1891年5月15日。曾任川陕边防军第11混成旅旅长，1923年兼任重庆市警察厅厅长，1924年4月16日授陆军少将衔。1925年任川军第11师师长兼成都市政督办，分得邓锡侯防区下南充等5县。1926年间与军官生李家钰、谢德堪、陈书农在成都组织群益社，架空邓锡侯，大有"三家分晋"之势。1928年任国民革命军第28军新编23师师长，1933年任四川剿匪军第3路副总指挥，围剿红军，1935年被撤职。

罗泽洲的造币厂有：顺庆造币厂、广安大梁城造币厂。

1924年罗泽洲旅驻广安，利用与吴佩孚的关系购置德国机械设立兵工厂并在广安大梁城设立造币厂，制造200文铜板和"银圆壹圆"币。后又缴获吴佩孚卫队精良武器。1926年进攻南充顺泸起义军，占领了顺庆造币厂。1928年罗泽洲、李家钰、谢德堪、陈书农等组成的同盟军联合向重庆刘湘发动下川东之战，罗泽洲为抢占重庆，于10月中旬率先出兵，孤军突进。以致在江北一碗水地区遭到刘湘重创，罗部溃败，退到南充、西充数县。1930年11月，罗泽洲师内部哗变，罗泽洲被扣。罗部隶属邓锡侯第28军，邓早有去罗之心，即升陈鸿文为师长，到顺庆接管该师。1931年2月罗泽洲逃到李家钰部防区，联合李家钰、杨森，进攻顺庆，企图以武力强迫陈鸿文交出该师，夺回失地，陈鸿文被迫后退至成都。3月，邓锡侯率兵进攻李、罗，刘文辉、田颂尧亦派兵助战。李家钰兵败求助刘湘，于是刘湘出兵援李。于是全川大小军阀队伍云集顺庆，形成互相对峙和牵制的局面，被迫言和。1931年后在广安大梁城设立造币厂，为杨森独占。

北道之战中，陈鸿文师8000余割据蓬安。罗泽洲则只占有南充、西充，失去广安造币厂的罗泽洲只有利用顺庆模范街嘉陵翻砂机械厂的小机械改建为南充造币厂，在成都兵工厂购买造币机器，聘请成都造币厂待业技师在南充弹药厂继续制造小200文铜元多种货币。

陈国栋的斜造（点国无点民版）→李家钰的走之造（民国无点版）

石青阳的军阀走之造（点国点民版）→何光烈的军阀走之造（点国无点民版）→罗泽洲萝卜四（民国无点版）

南充铜元局

1.《南充金融志》（重庆大学出版社1994年版）90页记载：南充地区的南充县、广安县、阆中县、营山县、南部县等共有五家造币厂。1923—1924年，南充地区军阀混战，各地在造币厂中尽争渔利。田颂尧在阆中县，李家钰在营山县，罗泽洲、杨森在广安县，李炜如在南部县纷纷设立造币厂，仿造大二百、小二百、当一百铜元。各县的造币厂以南充县规模较大，南充造币厂位于南充大南门外，由何光烈于1923—1924年设立，总管何斌、陈锡侯，全厂员工百余人。仿造铜钱既小又薄，投入市场物价猛涨。1926年顺泸起义，何光烈逃离南充。同年12月16日11师罗泽洲率部进驻南充，接办南充铜元局。1929年李家钰驻防南充，接收南充铜元局，改造子弹，称为南充子弹厂。后刘文辉打垮李家钰，占领并经营南充铜元局。二刘之战，刘文辉战败，刘湘最终占领南充造币厂。百余人规模的造币厂在军阀造币厂中是比较大的。

同书86页记载：在南充流行最广的是"川版"银元，习惯称为18圈。

这说明南充造币厂先属何光烈，二属刘伯承的起义军，三属罗泽洲，四属李家钰，五属刘文辉，最后为刘湘。李家钰、刘文辉时未铸币。何光烈之前还有石青阳。

2.《四川军阀混战》（1927—1934年）（四川省社会科学院出版社1984年版）165页记载：四川军阀都把自己盘踞的防区视为领地，称王称霸，罗泽洲当然也不例外。他委任官吏，大肆搜刮，同时还开设兵工厂、造币厂（造铜元为主）、吗啡厂等。

这说明南充造币厂除了造铜元外还造银圆，只不过主业是造铜元。

广安大良城造币厂

1.《广安县志》（重庆大学出版社1994年版）14页记载：民国十三年3月川军第1师第6混成旅罗泽洲进驻广安，聚敛制钱，并以大良城私铸劣质200文铜圆。后，市面小钱紧缺，劣质200文铜圆市民又不愿使用，造成货币混乱。

2.《南充金融志》（重庆大学出版社1994年版）90页记载：南充地区的南充县、广安县、阆中县、营山县、南部县等共有五家造币厂。杨森在广安县的造币厂仍然是大良城造币厂，是1930年"前顺庆之役"抢占领罗泽洲的。

3. 《川陕省苏维埃政府工农银行》（四川省社会科学院出版社1984年12月版）363页记载：民国十四、十五年时候，广安仍用的是制钱。罗泽洲在县属大梁城设厂滥铸铜元。他把城乡流通的制钱及当十的铜元搜刮起来，粗制滥造。造出的铜元直径约四公分，很薄，制造技术非常低劣。流入市面以后，制钱几乎绝迹，交易找补困难，物价上升。这些铜元每枚值钱二百文，叫"大二百"，约十个制钱即铸一个铜元。

伪二十军继罗泽洲之后，在大梁城继续滥造铜元，叫"小二百"，直径很小，约二公分五，很薄，一两个当十铜元就可铸成一个"小二百"铜元。杨森无限制地铸造，强迫老百姓使用。

这说明大良城造币厂先归罗泽洲，后属杨森。而且主要造铜元。

4. 成都《川报》（1932年8月4日第6版）记载：本年三月，广安铜元厂开铸后，渠县银价，首即上涨，每生洋一元，由18吊余涨至20千有奇。加之广安铜元厂复时派人携运大量铜元来境，换收现洋，因此银价上涨至27吊有余。社会秩序难以维持。

罗泽洲防区

1924年防区：广安；

1926年防区：广安、西充；

1927年防区：广安、南充、西充等；

1928年10月防区：广安、岳池、渠县、南充、西充、蓬安、营山、大竹、邻水、垫江、长寿；

1929年1月防区：广安、岳池、渠县、南充、西充、蓬安、营山；

1931年防区：武胜；

1932年防区：武胜；

1933年防区：武胜。

（十二）军阀走之造

南充铜元局

一、点国点民版军阀歪头汉版（图162）
CB-162 1917年左右

特　征：点国点民版军阀歪头汉、细字

经纬线DNA：71-70　47-47

重　量：25.9克

参考价：8000元（中品）—15000元（上品）

二、点国无点民版军阀歪头汉（军阀走之造）版
1920年-1926年

（一）连头军版（图163）CB-163

特　征：连头军、点国无点民版军阀歪头汉、军阀走之造、细字

经纬线DNA：54-55　38-38

重　量：26.0克

参考价：3000元（中品）—6000元（上品）

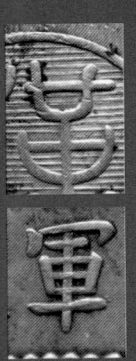

（二）不连头军版（图164）CB-164

特　征：粗字版、不连头军、点国无点民版军阀歪头汉、军阀走之造

经纬线DNA：60-59　39-39

重　量：24.4克

参考价：3000元（中品）—6000元（上品）

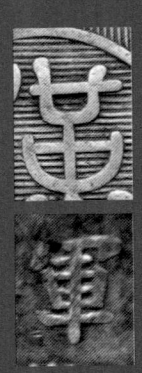

（三）实口壹断内齿版（图165）CB-165

 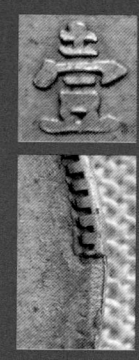 

特　征：断内齿、粗字版、不连头军、点国无点民版军阀歪头汉、军阀走之造

经纬线DNA：60-60　40-39

重　量：26.1克

参考价：3000元（中品）—6000元（上品）

（四）刘伯承起义军银圆复打版（图166）CB-166

 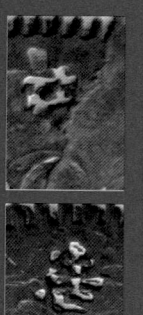 

特　征：复打、点国无点民版歪头汉、走之造

经纬线DNA：57-57　39-38

重　量：24.5克

参考价：5000元（中品）—10000元（上品）

三、萝歪四版（图167）CB-167　1927年初

特　征：正面是萝卜四的正面、背面是军阀歪头汉的背面（军阀走之造）

经纬线DNA：59-60　38-38

重　量：24.6克

参考价：10000元（中品）—20000元（上品）

军阀走之造与刘伯承起义军版

与陈国栋、李家钰（遂宁造币厂）相似，南充铜元局先后由石青阳、何光烈、刘伯承、罗泽洲、李家钰、刘文辉、刘湘治理过。其中，李家钰、刘湘时期改为子弹厂，未生产过银圆。

1920年9月向传义师何光烈团投降熊克武扩建为第5师，分得原石青阳南充数县防区。何光烈时期，政治模糊，中立时间非常长，战争很少。从1921年3月开始退出川战，中立达5年之久。1926年刘伯承顺泸起义，何光烈逃南充依附刘湘。后在下川东之战中妄想夺回南充防区，在一碗水前线被流弹击中毙命。刘伯承起义后，占领南充造币厂时间短，造币数量不多。

1917年防区制形成，石青阳军饷自理，这才有了点国点民版军阀歪头汉版（仿成都造币厂点国点民版歪头汉版）银币。这种银币成色很好，重量足，与成都造币厂点国点民版歪头汉版相比只是没有厂版的暗记。1920年何光烈夺取了石青阳南充数县防区。1926年12月刘伯承顺泸起义成功，起义军占领南充。1927年罗泽洲进攻起义军，夺取了何光烈南充防区，率部进驻南充，接办南充铜元局，生产萝卜四（民国无点版）。从军阀萝歪四版可以看出，其正面是萝卜四，背面是军阀歪头汉（军阀走之造）。这说明萝卜四的上家是军阀歪头汉（军阀走之造），罗泽洲的上家是何光烈，说明点国无点民军阀歪头汉（军阀走之造）是何光烈生产的。其中生产到最后的应该是刘伯承起义军版银币。

同样，何光烈的上家是石青阳，石青阳防区又是1917年时期形成的，1917年时期是点国点民版银圆时期，因此点国点民版军阀歪头汉（军阀走之造）就是石青阳在1917年左右生产的。

1926年12月1日顺泸起义成功，刘伯承起义军占领南充铜元局，立即赶铸军饷，12月15日起义军撤离南充。急就铸币时间半月。这批银币随刘伯承十五军将士战西山、渡周口、走开江、一直使用到湖北竹溪。由于生产仓促，起义军银圆有很多复打现象。

何光烈防区

1920年8月防区：南充、西充；

1921年防区：南充、西充、蓬溪、蓬安；

1922年防区：南充、西充、蓬溪、蓬安、营山、南部；

1923年防区：南充、西充、蓬溪、蓬安、营山、南部；

1924年防区：南充、西充、蓬溪、蓬安、营山、南部；

1925年8月24日防区：南充、西充、蓬溪、蓬安、营山、南部；

1926年12月防区：南充、西充、蓬溪、蓬安、营山、南部、射洪。

石青阳防区

1918年7月防区：南充、西充、广安、邻水、岳池、蓬安、营山、南部、仪陇、阆中、苍溪、剑阁、昭化、广元、通江、南江、巴中；

1919年4月防区：南充、西充、广安、岳池、蓬安、营山、南部、阆中、苍溪、剑阁、昭化、广元、通江、南江、巴中、仪陇。

（十三）斜告

汉州造币厂版

一、29-29纬线版1928年后

（一）椎凸版（图168）CB-168

特　征：椎凸汉、斜告、切角国、国民无点

经纬线DNA：42-44　29-29

重　量：23.1克

参考价：2000元（中品）—4000元（上品）

（二）右大肚版（图169）CB-169

特　征：右大肚汉、矛头汉、斜告、切角国、国民无点

经纬线DNA：44-45　29-29

重　量：23.7克

参考价：2000元（中品）—4000元（上品）

（三）左大肚版（图170）CB-170

特　征：左大肚汉、斜告、切角国、国民无点

经纬线DNA：43-43　29-29

重　量：22.9克

参考价：2000元（中品）—4000元（上品）

（四）三眼军版（图171）CB-171

特　征：三眼军、粘华、斜告、切角国、国民无点

经纬线DNA：46-46　29-29

重　量：23.7克

参考价：2000元（中品）—4000元（上品）

（五）四眼军版（图172）CB-172

特　征：四眼军、斜告、切角国、国民无点

经纬线DNA：47-46　29-29

重　量：23.5克

参考价：2000元（中品）—4000元（上品）

二、30-30纬线版1928年后

（一）小点年版（图173）CB-173

特　征：小点年、左大肚汉、斜告、切角国、国民无点、包壳

经纬线DNA：46-45　30-30

重　量：20.6克

参考价：1000元（中品）—2000元（上品）

（二）大点年版（图174）CB-174

特　征：大点年、左大肚汉、斜告、切角国、国民无点

经纬线DNA：46-46　30-30

重　量：21.2克

参考价：2000元（中品）—4000元（上品）

三、30-31纬线版

粘点年版（图175）CB-175

特　征：粘点年、左大肚汉、斜告、切角国、国民无点、包壳

经纬线DNA：46-45　30-30

重　量：19.2克

参考价：1000元（中品）—2000元（上品）

四、钩点年版（图176）CB-176

特　征：钩点年、斜告、切角国、国民无点、包壳

经纬线DNA：45-45　31-31

重　量：23.0克

参考价：1000元（中品）—2000元（上品）

五、实口造版（图177）CB-177

特　征：实口造、斜告、切角国、国民无点、包壳

经纬线DNA：44-44　31-31

重　量：24.3克

参考价：1000元（中品）—2000元（上品）

六、壹吉版33-33纬线版

（一）一眼华版（图178）CB-178

特　征：壹吉币、一眼华、斜告、切角国、国民无点

经纬线DNA：46-45　33-33

重　量：21.5克

参考价：2000元（中品）—4000元（上品）

（二）三眼华版（图179）CB-179

特　征：壹吉币、三眼华、斜告、切角国、国民无点

经纬线DNA：46-45　32-32

重　量：22.5克

参考价：2000元（中品）—4000元（上品）

（三）三眼华验银版（图180）CB-180

 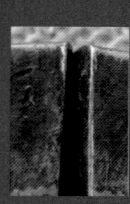 

特　征：壹吉币、验银槽、三眼华、斜告、切角国、国民无点

经纬线DNA：46-45　33-33

重　量：24.3克

参考价：2000元（中品）—4000元（上品）

（四）四眼华版（图181）CB-181

特　征：壹吉币、验银槽、三眼华、斜告、切角国、国民无点、包壳

经纬线DNA：46-45　33-33

重　量：21.6克

参考价：2000元（中品）—4000元（上品）

七、马踢四版34-34纬线（图182）CB-182

特　征：马踢四、斜告、切角国、国民无点、包壳

经纬线DNA：50-52　34-34

重　量：24.5克

参考价：1000元（中品）—2000元（上品）

八、双眼华版38-36纬线（图183）CB-183

特　征：双眼华、斜告、切角国、国民无点、包壳

经纬线DNA：52-54　38-36

重　量：22.4克

参考价：1000元（中品）—2000元（上品）

九、37-37纬线版

（一）连水汉版（图184）CB-184

特　征：连水汉、斜告、切角国、国民无点、包壳

经纬线DNA：53-53　37-37

重　量：24.0克

参考价：1000元（中品）—2000元（上品）

（二）左飞头版（图185）CB-185

特　征：左飞头汉、斜告、切角国、国民无点、包壳

经纬线DNA：51-53　37-37

重　量：24.3克

参考价：1000元（中品）—2000元（上品）

汉州造币厂

1. 《四川省志·金融志》（1996年）163页中记载：1928年前，邓锡侯部陈离师在汉州（广汉）设立汉州造币厂。

2. 陈离是邓锡侯下辖的师长，驻防大足、资中、双流等8县，后来防区调整为广汉、新都两县，共10年，有军队数团。广汉古称汉州，在广汉生产的银币故称汉州版。由于军官系银币都相对不错，陈离又是邓锡侯亲信，管理过成都造币厂。因此，汉州版开始品质不错，后来邓锡侯部流行包壳工艺，故多有包壳。

3. 《安岳文史资料选集》第25辑（陈离纪念集）125页记载：广汉起义失败后，每个红军战士发给六至八元路费，资送回家。汉州版产量不少。

4. 陈离是成都造币厂最后一任厂长，是邓锡侯亲信。根据成都造币厂张民岩回忆，1928年3月1日，28军委任陈离为成都造币厂厂长，专门生产铜币。陈离接任厂长后，杂版风潮已息，杂版因受群众歧视，不仅不能流通，其价格且已低落到原材料2成左右。持币者既卖不脱，又用不掉，只得忍痛熔铸为银锭之后，再售给造币厂，作为原材料。陈离想改铸壹圆银圆来打开出一条出路，认为造壹圆银圆可稳定币制，引出白银，澄清货币混乱的局面。经过一段酝酿筹备后，4月开始正式减产厂版5角，宣布恢复铸造大壹元，成都市面所谓的新"漢"银圆就在1928年诞生了。

新"漢"壹圆银圆在停铸4年后问世后，原以为民间所藏的银锭（10两）会被引出来，但结果落空，回收白银无望。不过壹圆银圆在市面绝迹已久，普遍都使用5角厂版，而今骤然出现，备受人们的珍视和欢迎，竟使长期代替了主导地位的5角厂版声誉一落千丈，不仅不能再代替主币，连辅币的资格也随之更丧失。市面上，竟以成色还低于厂版5角的云南半元来作为壹圆银圆的辅币使用。

因此，从这个角度上，成都造币厂民国无点版就是陈离授意生产的。

陈离防区

1924年防区：大足；

1925年5月防区：大足、资中；

1925年防区：大足、资中、双流、温江、郫县、崇宁、彭县、灌县等；

1926年防区：广汉、新都；

1927年防区：广汉、新都；

1928年防区：广汉、新都；

1929年防区：广汉、新都；

1930年防区：广汉、新都；

1931年防区：广汉、新都；

1932年防区：广汉、新都；

1933年防区：广汉、新都；

1934年防区：广汉、新都；

1935年防区：广汉、新都，随后撤销防区。

（十四）分点银

一、带钩中版

（一）大点年版（图186）CB-186

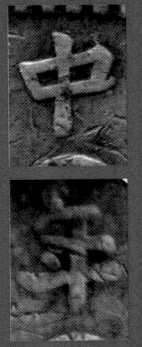

特　征：大点年、粗银、弯钩中、点四点银、点国无点民、兔唇花

经纬线DNA：51-51　31-31

重　量：24.2克

参考价：2000元（中品）—4000元（上品）

（二）小点年版（图187）CB-187

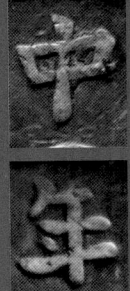

特　征：小点年、开口壹、开口华、直钩中、点四点银、点国无点民、兔唇花

经纬线DNA：50-50　31-31

重　量：22.6克

参考价：2000元（中品）—4000元（上品）

（三）下点年版（图188）CB-188

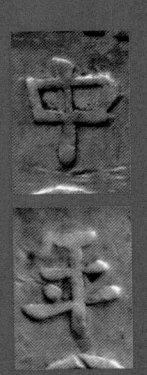

特　征：下点年、细银、带钩中、点四点银、点国无点民、兔唇花

经纬线DNA：50-49　32-32

重　量：21.2克

参考价：2000元（中品）—4000元（上品）

二、告造版

（一）V头汉版（图189）CB-189

特　征：V头汉、开上贝、告造、点四点银、点国无点民、兔唇花

经纬线DNA：48-49　29-29

重　量：22.8克

参考价：2000元（中品）—4000元（上品）

（二）U头汉版

1、短点四版（图190）CB-190

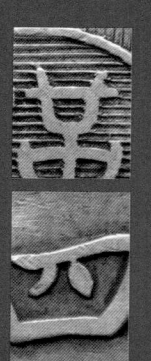

特　征：连点四、U头汉、告造、点四点银、点国无点民、兔唇花

经纬线DNA：51-52　32-32

重　量：22.1克

参考价：2000元（中品）—4000元（上品）

2、长点四版（图191）CB-191

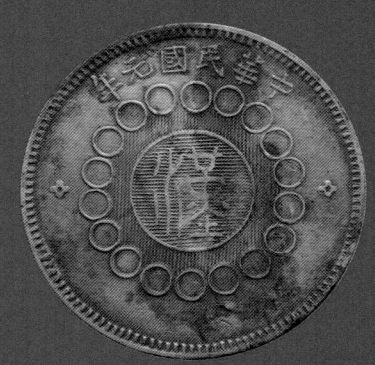
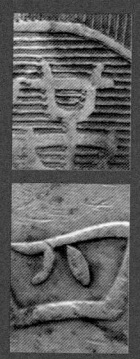

特　征：长点四、U头汉、告造、点四点银、点国无点民、兔唇花

经纬线DNA：51-52　33-33

重　量：24.0克

参考价：2000元（中品）—4000元（上品）

三、工之造版

（一）U头汉版（图192）CB-192

特　征：U头汉、工之造、点四点银、点国无点民、兔唇花

经纬线DNA：44-45　30-32

重　量：21.4克

参考价：2000元（中品）—4000元（上品）

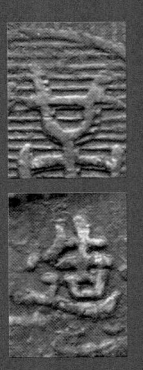

（二）U头汉版（图193）CB-193

特　征：U头汉、工之造、点四点银、点国无点民、兔唇花

经纬线DNA：46-47　29-29

重　量：21.3克

参考价：2000元（中品）—4000元（上品）

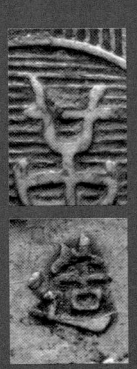

四、廿头华版（图194）CB-194

特　征：廿头华、点四点银、点国无点民、兔唇花（估计是应付检查的高成色币）

经纬线DNA：44-45　31-31

重　量：26.2克

参考价：6000元（中品）—12000元（上品）

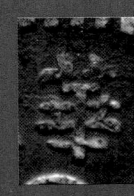

灌县九厂

1. 《四川省志·金融志》（1996年）163页中记载：灌县的军阀造币厂，共计有9个厂，故称灌县九厂。

2. 邓锡侯部邓国璋、黄隐在驻地灌县开军阀造币厂，共计有9厂，其中计军阀厂7个、团阀厂2个（彭崇郫灌四县联团）。

因灌县是邓锡侯的后方，邓锡侯兼松理懋茂汶屯殖督办，防区为成都、广汉、金堂、新都、新繁、彭县、郫县、崇宁、灌县、温江、松潘、理番、茂县、懋功、汶川等10县，灌县为其后方基地，其江防部队、邓黄等师均在此安置后方机关，设立有各师独立旅、混成旅造币厂，购银造币，发放军饷。

3. 从（十四）分点银至（十八）圆头汉都可能是灌县九厂造。

荣昌仁义场造币厂

《荣昌县志》541页记载：民国十三年至十七年（1924-1928），各地铜板开始掺杂、变小，所铸新100文、新200文重量减轻，质量低劣。在此期间，荣昌先由驻军团长尹跃卿，继由旅长曹叔实在仁义场收购废铜，并且掺铁铸造新200文铜元就地强迫群众使用。

金堂造币厂

1. 《金堂县志》488页记载：民国十五年（1926），驻金堂杨秀春部队，曾在城厢镇城隍庙内用手工铸造二百文铜元，质量低劣，群众称为"肉版"、"烂版"，民国十七年（1928）停产。

2. 《四川省志·金融志》（四川辞书出版社1996年版）164页记载：1928年前邓锡侯部杨荣向旅在金堂县设立造币厂。

邓锡侯防区

1919年防区：眉山；

1920年春防区：成都；

1920年8月防区：广汉、什邡；

1921年3月防区：新繁；

1921年4月防区：绵阳；

1921年7月防区：广汉；

1922年7月防区：成都、广汉、阆中、绵阳、绵竹、安县、德阳；

1922年8月防区：永川、合川、重庆；

1923年防区：梁山、垫江川东几县；

1924年10月防区：合川、重庆、广安、铜梁、灌县；

1925年3月防区：合川、重庆、大竹、广安、岳池；

1925年8月防区：金堂、广汉、彭县、什邡、郫县、灌县、新都、新繁、安岳、遂宁、乐至、武胜、合川；

1926年防区：什邡、新都、新繁、金堂、广汉、彭县、郫县、灌县；

1927年防区：什邡、新都、新繁、金堂、广汉、彭县、郫县、灌县；

1928年10月防区：什邡、新都、新繁、金堂、广汉；

1931年防区：成都、广汉、金堂、新都、新繁、彭县、郫县、崇宁、灌县、温江、松潘、理番、茂县、懋功、汶川等10县；

1931年秋防区：成都、广汉、金堂、新都、新繁、彭县、郫县、崇宁、灌县、温江、松潘、理番、茂县、懋功、汶川等10县，加甘肃成县、武都、礼县、西和、西固、徽县、天水；

1933年防区：成都、广汉、金堂、新都、新繁、彭县、郫县、崇宁、灌县、温江、松潘、理番、茂县、懋功、汶川、武都、成县、西和17县。

(十五)义国

一、宽造版

（一）封口贝版（图195）CB-195

特　征：义国、宽造、点国无点民、封口贝、小中花

经纬线DNA：53-56　37-38

重　量：23.6克

参考价：2000元（中品）—4000元（上品）

（二）开口贝版（图196）CB-196

特　征：义国、宽造、点国无点民、开口贝、大中花

经纬线DNA：53-57　38-38

重　量：24.6克

参考价：2000元（中品）—4000元（上品）

（三）粗线币版（图197）CB-197

特　征：粗线币、义国、宽造、点国无点民、封口贝、小中花

经纬线DNA：54-58　39-39

重　量：26.7克

参考价：3000元（中品）—6000元（上品）

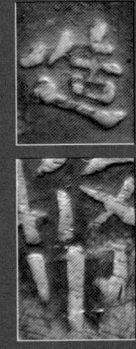

二、窄造版

（一）轻版（图198）CB-198

特　征：义国、窄造、点国无点民、厚度与下图一样、轻银（厚包）

经纬线DNA：48-48　32-32

重　量：22.6克

参考价：1000元（中品）—2000元（上品）

（二）重版（图199）CB-199

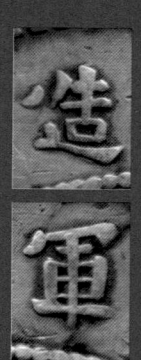

特　征：义国、窄造、点国无点民、厚度与上图一样、标准重银

经纬线DNA：49-49　32-32

重　量：25.6克

参考价：2000元（中品）—4000元（上品）

（三）厚圆版（图200）CB-200

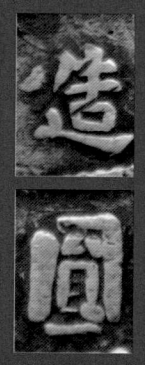

特　征：义国、厚圆、窄造、点国无点民、轻银（厚包）

经纬线DNA：49-49　32-32

重　量：23.1克

参考价：2000元（中品）—4000元（上品）

（十六）汉水直

一、点国点民版

（一）国点分版（图201）CB-201

特　　征：国点分、直水汉、小造、点国点民、收腰中、包壳

经纬线DNA：63-63　40-40

重　　量：23.7克

参考价：1000元（中品）—2000元（上品）

（二）连点戈版（图202）CB-202

特　　征：连点戈、直水汉、小造、无点国点民、收腰中、包壳

经纬线DNA：63-64　41-40

重　　量：22.8克

参考价：1000元（中品）—2000元（上品）

（三）下点国版（图203）CB-203

特　　征：下点国、直水汉、小造、点国点民、收腰中、包壳

经纬线DNA：67-69　42-45

重　　量：22.0克

参考价：1000元（中品）—2000元（上品）

（四）斜点年版（图204）CB-204

特　征：斜点年、直水汉、小造、点国点民、下点国、收腰中、包壳

经纬线DNA：64-65　43-44

重　量：23.2克

参考价：1000元（中品）—2000元（上品）

（五）粘点年版（图205）CB-205

特　征：粘点年、直水汉、小造、点国点民、下点国、收腰中、包壳

经纬线DNA：62-63　44-44

重　量：25.1克

参考价：1000元（中品）—2000元（上品）

（六）横点汉版（图206）CB-206

特　征：横点汉、直水汉、小造、点国点民、下点国、斜点年、收腰中、包壳

经纬线DNA：67-68　44-45

重　量：23.7克

参考价：1000元（中品）—2000元（上品）

(七)开头年版（图207）CB-207

特　征：开头年、猫头汉、直水汉、大造、点国点民、翘头民、包壳

经纬线DNA：67-72　45-44

重　量：25.0克

参考价：1000元（中品）—2000元（上品）

(八)大点民版（图208）CB-208

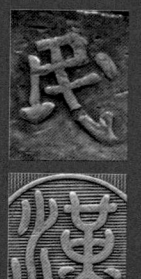

特　征：大点民、直水汉、小造、点国点民

经纬线DNA：70-70　46-46

重　量：20.1克

参考价：2000元（中品）—4000元（上品）

二、点国无点民版

(一)开口汉版（图209）CB-209

特　征：开口汉、直水汉、大造、点国无点民、国点分、收腰中、低银

经纬线DNA：57-57　38-38

重　量：25.4克

参考价：2000元（中品）—4000元（上品）

(二) 上点国版 (图210) CB-210

特　征：上点国、直水汉、大造、点国无点民、国点分、收腰中、包壳

经纬线DNA：58-57　37-37

重　量：20.6克

参考价：1000元（中品）—2000元（上品）

(三) 上粘点国版 (图211) CB-211

特　征：上粘点国、直水汉、大造、点国无点民、国点分、收腰中、包壳

经纬线DNA：56-55　37-38

重　量：21.3克

参考价：1000元（中品）—2000元（上品）

(四) 连点国版 (图212) CB-212

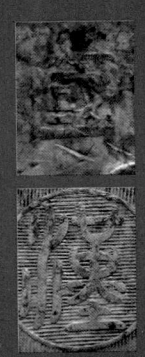

特　征：连点国、直水汉、大造、点国无点民、国点分、收腰中、包壳

经纬线DNA：54-53　36-36

重　量：21.9克

参考价：1000元（中品）—2000元（上品）

（十七）双飞汉

一、点国点民版

（一）熔环版（图213）CB-213

特　征：熔环、双飞汉、小造、小壹、点国点民、不连巾、低银

经纬线DNA：60-56　41-42

重　量：22.1克

参考价：2000元（中品）—4000元（上品）

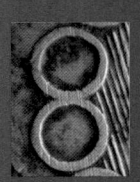

（二）连巾版（图214）CB-214

特　征：连巾币、双飞汉、小造、小壹、点国点民、熔环、包壳

经纬线DNA：60-56　40-41

重　量：23.4克

参考价：1000元（中品）—2000元（上品）

（三）左歪头版（图215）CB-215

特　征：左歪头汉、双飞汉、小造、小壹、点国点民、熔环、包壳

经纬线DNA：62-59　39-38

重　量：23.7克

参考价：1000元（中品）—2000元（上品）

（四）小方头版（图216）CB-216

特　　征：小方头汉、小双飞汉、小造、小壹、点国点民、熔环、包壳

经纬线DNA：61-59　42-43

重　　量：22.7克

参 考 价：1000元（中品）—2000元（上品）

二、点国无点民版

（一）小造版（图217）CB-217

 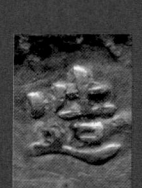 

特　　征：小造、双飞汉、大壹、点国无点民、熔环、包壳

经纬线DNA：61-63　37-39

重　　量：24.8克

参 考 价：1000元（中品）—2000元（上品）

（二）大造版

1、四笔政（图218）CB-218

特　　征：四笔政、大造、双飞汉、大壹、点国无点民、熔环、包壳

经纬线DNA：62-60　40-41

重　　量：24.1克

参 考 价：800元（中品）—1600元（上品）

2、小民细汉版（图219）CB-219

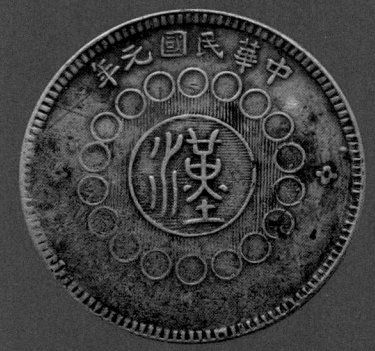
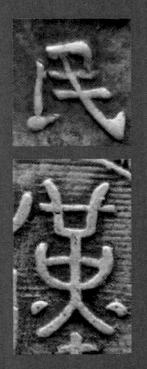

特　征：小民细汉、大造、双飞汉、大壹、点国无点民、熔环、包壳

经纬线DNA：58-56　39-40

重　量：23.1克

参考价：1000元（中品）—2000元（上品）

3、小民粗汉版（图220）CB-220

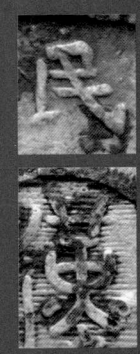

特　征：小民粗汉、大造、双飞汉、大壹、点国无点民、熔环、包壳

经纬线DNA：57-55　39-37

重　量：21.8克

参考价：800元（中品）—1600元（上品）

4、右歪头汉版（图221）CB-221

特　征：右歪头汉、小民粗汉、大造、双飞汉、大壹、点国无点民、熔环、包壳

经纬线DNA：55-56　35-35

重　量：25.0克

参考价：800元（中品）—1600元（上品）

(十八)圆头汉

一、点国无点民版

（一）竖点国版（图222）CB-222

特　征：竖点国、点国无点民、圆头汉、低银（厚包）
经纬线DNA：45-45　29-29
重　量：22.3克
参考价：1500元（中品）—3000元（上品）

（二）小点国版（图223）CB-223

特　征：小点国、点国无点民、圆头汉、低银（厚包）
经纬线DNA：48-50　30-29
重　量：23.3克
参考价：1500元（中品）—3000元（上品）

（三）横点国版（图224）CB-224

特　征：横点国、拐点银、点国无点民、圆头汉、低银（厚包）
经纬线DNA：42-43　30-30
重　量：20.6克
参考价：1500元（中品）—3000元（上品）

二、民国无点版

（一）拐点银版（图225）CB-225

特　征：拐点银、民国无点、圆头汉、复打、低银（厚包）

经纬线DNA：42-43　30-29

重　量：21.5克

参考价：1500元（中品）—3000元（上品）

（二）拳点年版（图226）CB-226

特　征：拳点年、民国无点、圆头汉、斜告、实三角圆、低银（厚包）

经纬线DNA：44-44　30-30

重　量：22.6克

参考价：1500元（中品）—3000元（上品）

（三）下点年版（图227）CB-227

特　征：下点年、民国无点、圆头汉、实三角圆、斜告、低银（厚包）

经纬线DNA：44-45　31-31

重　量：22.9克

参考价：1500元（中品）—3000元（上品）

(十九)小圈

田颂尧造币厂

一、点国无点民版

（一）牙签四版（图228）CB-228

特　征：牙签四、丫头汉、点国无点民、扁口造、小圈
经纬线DNA：57-56　36-36
重　量：25.2克
参考价：2500元（中品）—5000元（上品）

（二）川北分水汉版（图5）CB-5

特　征：川北分水汉、竖点年、点国无点民、两点造、方头汉、小圈
经纬线DNA：47-51　31-31
重　量：22.6克
参考价：15000元（中品）—30000元（上品）

二、民国无点版

（一）小S版

1、下钩壹版（图229）CB-229

 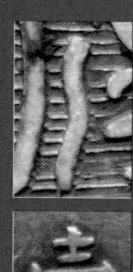  

特　征：下钩壹、小S、民国无点、斜告、小圈、斜边齿
经纬线DNA：49-48　33-32
重　量：27.0克
参考价：5000元（中品）—10000元（上品）

2、上钩壹版（图230）CB-230

特　征：上钩壹、小S、民国无点、斜告、小圈、斜边齿
经纬线DNA：45-46　30-32
重　量：26.4克
参考价：5000元（中品）—10000元（上品）

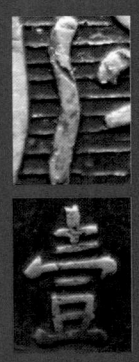

（二）低纬线版（图231）CB-231

特　征：低纬线24、平头银、满汉、小圈
经纬线DNA：40-42　24-24
重　量：25.7克
参考价：5000元（中品）—10000元（上品）

（三）实口国高纬线版（图232）CB-232

特　征：实口国、高纬线、尖头银、满汉、小圈
经纬线DNA：59-59　38-38
重　量：24.4克
参考价：5000元（中品）—10000元（上品）

（四）新火（星火）版

——系不同颜色的五角杂版银元直接熔化改制，故颜色呈七彩色不同，重量比较高，最高有28克以上。

1、赤砖版（图233）CB-233

 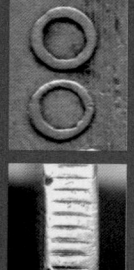 

特　征：粉赤色、横点年、民国无点、斜告、小圈、横点银、星火中花

经纬线DNA：60-60　37-36

重　量：28.0克

参考价：2000元（中品）—4000元（上品）

2、橙砖版（图234）CB-234

特　征：暗橙色、横点年、民国无点、斜告、小圈、横点银、星火中花

经纬线DNA：60-60　37-36

重　量：25.6克

参考价：2000元（中品）—4000元（上品）

3、黄砖版（图235）CB-235

特　征：黄草色、横点年、民国无点、斜告、小圈、横点银、星火中花

经纬线DNA：60-60　37-36

重　量：25.1克

参考价：2000元（中品）—4000元（上品）

4、绿砖版（图236）CB-236

特　征：灰绿色、横点年、民国无点、斜告、小圈、横点银、星火中花

经纬线DNA：60-60　37-36

重　量：26.7克

参考价：2000元（中品）—4000元（上品）

5、青砖版（图237）CB-237

特　征：淡青色、横点年、民国无点、斜告、小圈、横点银、星火中花

经纬线DNA：60-60　37-36

重　量：27.0克

参考价：2000元（中品）—4000元（上品）

6、兰砖版（图238）CB-238

特　征：烟兰色、横点年、民国无点、斜告、小圈、横点银、星火中花

经纬线DNA：60-60　37-36

重　量：26.3克

参考价：2000元（中品）—4000元（上品）

7、白砖版（图239）CB-239

特　征：白银色、横点年、民国无点、斜告、小圈、横点银、星火中花

经纬线DNA：60-60　37-36

重　量：26.2克

参考价：2000元（中品）—4000元（上品）

田颂尧造币厂

田颂尧（1888—1975），保定军校第1期肄业。1910年加入同盟会，后入保定陆军校学习，不久离校参加苏浙学生军，任军事部部长兼营长，后加入川军，1912年任川军第4师参谋，1916年任护国川军第3支队支队长，1918年7月任北京政府第21师41旅旅长，12月任第21师师长，1923年12月10日，授将军府章威将军，1924年5月2日加上将衔，12月任国民革命军第29军军长，1933年1月任川陕边区"剿匪"督办，10月任四川"剿匪"总部第2路总指挥，1935年因围剿红军失利被撤职查办。

1. 1925年田颂尧在昭化兴办兵工厂，有工人110余，修造枪炮，1932年停造迁往重庆。1928-1930年，田颂尧在绵阳县成立龙绵银行，准备金42万圆，主要经营29军各部之间的经济账务，兼零星钱庄业务。其下4个师、2个混成旅中有罗乃琼旅在广元北街设厂、曾南夫在成都三桥南街设厂、司令何瞻如在安县设厂、另部在南部新政坝设造币厂（生产期为3-4年，有工人百余，造铜元逾千万，后机器运往三台和阆中），巴中、阆中、江油也设立有造币厂多个。

2. 根据上述各县县志记载1924-1933年，田颂尧防区流通的金属币主要是5角厂版、小200文"川北版"铜元和一种被称为"新火银圆"的壹圆银圆。"民国十六年后，因银圆价高，聚出新火银圆，市面惶惶，交易停滞，旧圆新圆其价高低一半，公私益闲现，新火银圆已不通用，唯旧大圆与云南半元流通无阻"。这说明新火银圆因为质量不高，成色如同"火红色"，在市场中无法流通而停铸。其主要原因是用含铜量过高，含银量低于60%以下而呈现出铜的颜色之故。

巴中造币厂

1. 《巴中县金融志》（巴中县金融志办公室编1987年8月版）75页记载：四川防区时期，各军阀收熔优质铜元制造武器，以致铜元奇缺，各军阀一面在各自防区内滥铸劣质铜元，另一方面下令禁止铜元出境。民国十三年川西北军阀田颂尧派团长董长安驻守巴中，拨一台制造铜元的机器，令其制造铜元。厂址东岳庙（现在巴中县酒厂）。厂长刘寿川，工匠曹成五等他们收购劣质铜元和制钱作为原料，将其铸成小一百和小二百铜元。由于铜元愈铸愈差，又薄又小，百姓不愿使用。刘寿川去职后，商人李子铺接办，把"旗旗铜圆"划成两半，通称"夹夹铜圆"，在市面流通。

2. 《达县地区金融志》（西南财经大学出版社2004年3月版）63、74页记载：民国十七年田颂尧29军税梯青旅驻巴中，在城区东岳庙设立造币厂，熔毁制钱和小额铜元，先造民国二年双旗大二百铜元，后造民国十五年花瓣小二百铜元和梅花铜元。不管董长安还是税梯青，都是田颂尧部。1933年红军入川占领巴中后，使用缴获的军阀董长安的巴中造币厂铜元机器制造红军币。

3. 巴中川陕革命根据地博物馆中统计的川陕苏区造币厂有3个，分别在赤北县、赤江县和巴中县，位于巴中县的这个造币厂就是刘寿川任厂长的董长安的巴中造币厂。由于这个造币厂先于刘存厚达县造币厂缴获，也可能就是这个造币厂生产制造了1933年红军镰刀斧头苏币。

阆中造币厂

1. 《四川月报》（1934年12月第五期）：阆中县民国元年至二十三年止，境内有造币厂两个。
2. 《南充金融志》（重庆大学出版社1994年版）90页记载：南充地区的南充县、广安县、阆中县、营山县、南部县等共有五家造币厂。

南部县李炜如造币厂

1. 《南充金融志》（重庆大学出版社1994年版）33页记载：苏维埃南部县造币厂是缴获军阀李家钰的，队伍驻谢家河，红军将李家钰造币厂留下的几十个工人、管理人员和机器、铜利用起来，做模子，压制镰刀斧头二百文铜元。

2. 《四川月报》（1932年9月第1卷第3期）第22页载南部新政坝为该县分县，地颇繁荣，29军下属于该地设厂，专门铸造劣质铜版。两年前，所出小二百铜币，即较成渝所造为小。近年来变本加厉，较之成渝通用之小一百铜币尤小一分。西充因距离颇近，受之影响极重，银元每圆涨至24千文。其邻近之仪陇、南江、巴中、南部各县，亦受此币影响。

3.《四川月报》（1933年4月12日）载：南部新镇（政）为该县分县所在，原为李炜如司令把守，前曾于此建铜元厂铸币与该地，常川雇请工匠一百余人，日夜加工改制铜元，所出成品行使于临近州县，所出"200文"铜圆薄小窳滥，较成渝100文"100文"还质劣薄小。北道银行，胥受影响，常比川东南银圆价值高出二三千文。近三四年来，该车厂所造铜元数逾千万，获利甚厚。

4.《南部县志》（四川人民出版社1994年版）21页记载：民国十七年，二十九军第7混成旅李炜如驻防南部，在新政坝开设铜元厂，生产新火版铜元。因个头薄小质劣，引起银价上涨，物价昂贵。

广元铜圆厂

1.《广元县金融志》（广元县金融志领导小组1988年10月版）1页：1925年军阀田颂尧部罗乃琼旅驻广元，在北街开办铜圆厂，铸造小200文铜圆，以废铜烂铁和沙子回炉制造，商贾拒用，关门停业，"六成行"商号掌柜陆天长拒收劣质铜圆，惨招毒打，以"扰乱市场"定罪，后罚银圆200元保释。以每个银圆换制钱和铜圆数千文。县政府发出布告"如再有人拒用新造的百文铜圆者，加重处分"，并勒令所有店铺开门营业。

同书40-41页：为了获利更多，罗旅又进寺庙拆毁铜像，铸造铜圆，广元北门"真武宫"内赤铜法像10余尊全被销毁。

2.《广元县志》（四川辞书出版社1994年版）22页记载：民国十四年，驻军罗乃琼旅在其防区年收集铜质神像于广元县城北"瘟祖庙"开办造币厂，仿省造币厂之200文铜币版面，铸造铜元。

3. 同书636页记载：民国十四年（1925），田颂尧部罗乃琼旅驻广元时设造币厂，铸小二百文铜元，因质量低劣，商贾拒用。

江油武都造币厂

1. 《绵阳市金融志》（四川辞书出版社1993年9月版）14页记载：民国十一年（1922），甘军丁厚堂部驻江油（武都镇）设厂，私造二百铜元，充斥市场。

2. 《江油县志》（四川辞书出版社1995年版）11页记载：民国五年（1916）7月，甘军丁厚堂部移驻中坝，占据江、彰两县，自称屯殖司令。并铸造当200文铜元，强迫流通。

3. 《江油县金融县志》（四川江油县地方志丛书之二十二）5页记载：民国十一年（1922），甘军丁厚堂部驻江油（武都），设造币厂铸大二百文铜元充斥市场。

4. 《江油县大事记》（江油市地方志编纂委员会办公室）25页记载：1922年，甘军丁厚堂部入据江油县城（今武都镇），大刮民财，设厂铸大当二百砂板铜元，强行流通。驻中坝二十九军强迫流通其所发行的"烂染"银元，捶板小二百铜元。

江油五凤楼造币厂

1. 《江油县志》（四川辞书出版社1995年版）13页记载：民国十一年（1922），川军田颂尧师的一个团驻中坝，勒令五凤楼设炉，将掺板银元、铜元宰破入炉，另铸"四川银元"和捶版小二百铜元，强迫商家使用。

2. 《江油县金融县志》（四川江油县地方志丛书之二十二）5页记载：民国十一年（1922），田颂尧师的一个团驻中坝，勒令五凤楼设炉，在驻军监督下，将收到的银元、铜元宰破入炉，另铸"四川银元"，被三台军部查处。

同书27-28页记载：民国十一年（1922），川军田颂尧师旅长董长安，驻中坝场时，每月所发官兵薪饷，从三台县军部运现银来中坝。其中大批雅（哑）版、烂厂版、杂版、捶版，质量低劣。官兵使用经常遭商民拒收，被横加"歧视政府货币"罪名，遭受毒打、拘押，以致查封店铺，给农工商民带来极大痛苦。中坝民众实难忍受之下，由商会负责人王静山和民众代表吴海秋、朱雨生、杨鸿轩、严伯钧等人向旅长董长安请求，经驻军监督勒令五凤楼设炉，将收到的银元、铜元宰破当众入炉，另铸"四川银元"。后经军部追查，不准设炉铸造银元，并查封了五凤楼。

3.《江油文史资料》12辑128页"解放前中坝的银楼金号"中记载，查封五凤楼后，五凤楼老板王鑫甫托人疏通关节，才将铺面开启，具结开业。中坝的哑版、烂厂版、杂版、捶版和铜圆经过五凤楼半年多的昼夜改铸，才被消灭馨尽。中坝各银楼手中的散碎银两，只有拿到五凤楼才能兑换成银元。五凤楼在驻军的支持下，以旧铸新，从中回火折成，收获很大。并在绵阳开了分店。至1933年王鑫甫病逝，余银币三、四万之巨（其中每年都携大量黄金回鄂省亲）。

田颂尧防区

1921年3月防区：新都；

1921年7月防区：阆中；

1922年1月防区：阆中、巴中、通江、南江；

1923年防区：阆中、巴中、通江、南江；

1924年10月防区：阆中、三台、巴中、通江、南江；

1925年3月防区：三台、阆中、苍溪、盐亭、巴中、通江、南江；

1925年8月24日防区：三台、中江、梓潼、罗江、安县、绵阳、德阳、阆中、苍溪、通江、南江、巴中、仪陇、平武、彰明、江油、北川；

1927年3月1日防区：三台、绵阳、中江、射洪、罗江、德阳、什邡、绵竹、安县、彰明、江油、平武、北川、梓潼、阆中、盐亭、仪陇、苍溪、南部、昭化、广元、剑阁、通江、南江、巴中、成都；

1928年10月防区：三台、中江、绵阳、罗江、德阳、梓潼、安县、阆中、通江、南江、巴中、仪陇、龙四属；

1931年防区：三台、中江、盐亭、射洪、仪陇、通江、南江、巴中、阆中、苍溪、南部、昭化、广元、剑阁、梓潼、绵阳、绵竹、安县、罗江、德阳、彰明、江油、北川、平武、什邡、营山等20余县；

1932年防区：三台、中江、盐亭、射洪、仪陇、通江、南江、巴中、阆中、苍溪、南部、昭化、广元、剑阁、梓潼、绵阳、绵竹、安县、罗江、德阳、平武、江油、北川、彰明、什邡、营山等20余县；

1933年11月防区：三台、中江、盐亭、射洪、苍溪、南部、昭化、广元、剑阁、梓潼、绵阳、绵竹、安县、罗江、德阳、平武、江油、北川、彰明、什邡等。

（二十）重庆版

重庆铜元局版

一、点国无点民版有须版（1919年—1923年）

（一）三须版（图240）CB-240

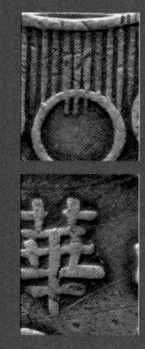

特　征：三须、渝民、钩华

经纬线DNA：51-50　32-33

重　量：25.8克

参考价：10000元（中品）—15000元（上品）

（二）伪三须版

1、加二纬版（图241）CB-241

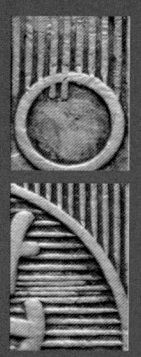

特　征：伪三须、渝民、加二纬

经纬线DNA：51-49　32-34

重　量：25.8克

参考价：2000元（中品）—4000元（上品）

2、不加纬版（图242）CB-242

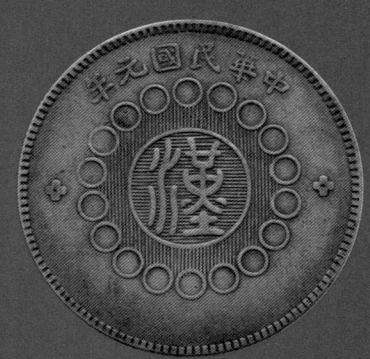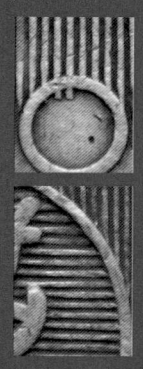

特　征：伪三须、渝民、不加纬

经纬线DNA：51-50　32-31

重　量：25.6克

参考价：2000元（中品）—4000元（上品）

（三）二须版

1、细水（残废手）版

（1）微二须版（图243）CB-243

特　征：细水、微二须、渝民、反鳖足圆

经纬线DNA：50-49　32-32

重　量：26.1克

参考价：3000元（中品）—6000元（上品）

（2）二须版（图244）CB-244

特　征：二须、细水、反鳖足圆、渝民、渝民、驼峰壹

经纬线DNA：49-48　33-32

重　量：25.6克

参考价：3000元（中品）—6000元（上品）

（3）改二须版（图245）CB-245

特　征：改二须、细水、反鳖足圆、渝民、驼峰壹

经纬线DNA：49-48　33-32

重　量：25.4克

参考价：3000元（中品）—6000元（上品）

2、牛鼻造版（图246）CB-245

特　征：牛鼻造、二须、渝民、驼峰壹

经纬线DNA：50-50　32-33

重　量：26.4克

参考价：4000元（中品）—8000元（上品）

3、高纬版（图247）CB-247

特　征：高纬、二须、渝民、驼峰壹

经纬线DNA：50-49　36-33

重　量：25.8克

参考价：2000元（中品）—4000元（上品）

4、34出须版

（1）斜34须版（图248）CB-248

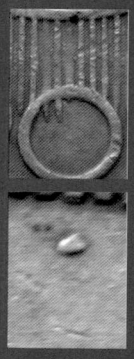

特　征：斜34须、加点、开口华、无头戈

经纬线DNA：50-49　32-32

重　量：25.3克

参考价：3000元（中品）—6000元（上品）

（2）直34须版（图249）CB-249

特　征：34出须、二须、渝民、驼峰壹

经纬线DNA：49-48　32-32

重　量：25.6克

参考价：3000元（中品）—6000元（上品）

5、56出须版

（1）56出须付3须版（图250）CB-250

特　征：56出须付3须、二须、渝民、驼峰壹

经纬线DNA：53-51　33-32

重　量：24.7克

参考价：2000元（中品）—4000元（上品）

（2）56出须连水汉版（图251）CB-251

特　征：56出须连水汉、二须、渝民、驼峰壹

经纬线DNA：52-50　32-32

重　量：25.9克

参考价：2000元（中品）—4000元（上品）

（3）56短出须版（图252）CB-252

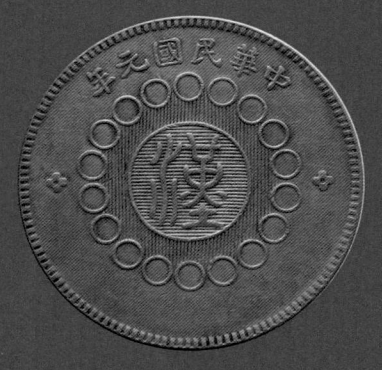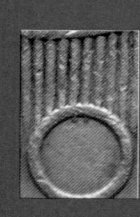

特　　征：56短出须、二须、渝民、驼峰壹
经纬线DNA：51-50　32-32
重　　量：25.6克
参 考 价：2000元（中品）—4000元（上品）

6、象牙四过渡版（K点四）

（1）拉丝渝版（图253）CB-253

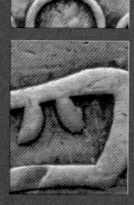

特　　征：拉丝纹、K点四、切二须、渝民、驼峰壹
经纬线DNA：50-49　32-31
重　　量：26.1克
参 考 价：2500元（中品）—5000元（上品）

（2）牛口造版（图254）CB-254

特　　征：牛口造、K点四、二须、渝民、驼峰壹
经纬线DNA：50-49　32-32
重　　量：25.6克
参 考 价：2000元（中品）—4000元（上品）

7、象牙四版

（1）水旁川版（图255）CB-255

特　征：水旁川、象牙四、二须、渝民、驼峰壹

经纬线DNA：51-50　32-32

重　量：26.2克

参考价：2500元（中品）—5000元（上品）

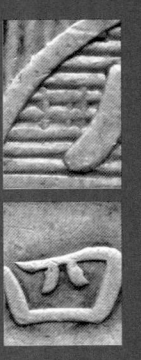

（2）四叠须版（图256）CB-256

特　征：四叠须、水旁无川、象牙四、二须、渝民、驼峰壹

经纬线DNA：51-50　32-32

重　量：25.3克

参考价：2500元（中品）—5000元（上品）

8、开口华版（图257）CB-257

特　征：开口华、开口川、错层壹、薄版、改二须、冲转中、出头军、连巾币、渝民、驼峰壹

经纬线DNA：50-49　32-32

重　量：25.0克

参考价：2500元（中品）—5000元（上品）

9、三笔华版（图258）CB-258

特　　征：三笔华、改二须、渝民、驼峰壹
经纬线DNA：51-50　32-32
重　　量：25.7克
参 考 价：2500元（中品）—5000元（上品）

10、肩章壹版（图259）CB-259

特　　征：肩章壹、钩钩年、短内齿、斜土、二须、渝民、驼峰壹
经纬线DNA：50-49　32-32
重　　量：25.3克
参 考 价：1000元（中品）—2000元（上品）

11、加点版（图260）CB-260

特　　征：壹圆加点、二须、渝民、驼峰壹
经纬线DNA：51-50　32-32
重　　量：25.5克
参 考 价：1800元（中品）—3600元（上品）

12、三横贝版（图261）CB-261

特　征：三横贝、二须、渝民、驼峰壹

经纬线DNA：51-50　32-31

重　量：26.1克

参考价：1800元（中品）—3600元（上品）

13、四叠须版（图262）CB-262

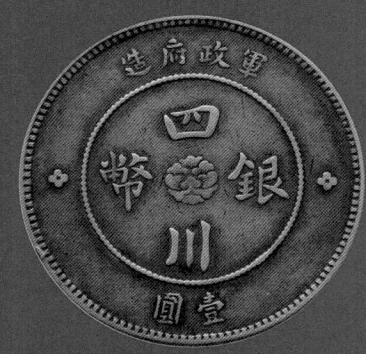

特　征：四叠须、二须、渝民、驼峰壹

经纬线DNA：51-50　32-32

重　量：25.6克

参考价：1800元（中品）—3600元（上品）

14、十头壹版（图263）CB-263

特　征：十头壹（反七壹）、二须、渝民、驼峰壹

经纬线DNA：51-50　32-32

重　量：26.0克

参考价：800元（中品）—1500元（上品）

15、长发军版（图264）CB-264

特　征：长发军、改二须、细点年、渝民、驼峰壹
经纬线DNA：50-49　31-31
重　量：26.5克
参考价：1800元（中品）—3600元（上品）

16、厚臂华版（图265）CB-265

 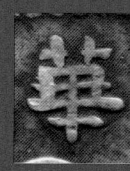 

特　征：厚臂华、开口民、二须、渝民、驼峰壹
经纬线DNA：52-50　31-31
重　量：25.3克
参考价：1000元（中品）—2600元（上品）

17、落叶版（图266）CB-266

特　征：币下落叶、二须、驼峰壹
经纬线DNA：51-50　32-32
重　量：25.5克
参考价：2000元（中品）—4000元（上品）

18、阴盛阳须版（图267）CB-267

特　征：阴盛阳须（左细右粗须）、军连肩、二须、渝民、驼峰壹

经纬线DNA：51-50　32-32

重　量：25.8克

参考价：1000元（中品）—2600元（上品）

19、粗二须版

（1）第一长须版（图268）CB-268

特　征：第一长须、扁中、粗二须、渝民、驼峰壹

经纬线DNA：51-50　32-32

重　量：26.2克

参考价：1500元（中品）—3000元（上品）

（2）第二长须版（图269）CB-269

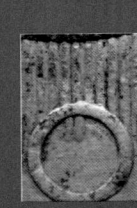

特　征：第二长须、粗二须、渝民、驼峰壹

经纬线DNA：51-50　32-32

重　量：26.2克

参考价：1500元（中品）—3000元（上品）

（3）第三长须版（图270）CB-270

特　征：第三长须、粗二须、渝民、驼峰壹

经纬线DNA：52-51　32-33

重　量：25.3克

参考价：1000元（中品）—2500元（上品）

（4）第四长须版（图271）CB-271

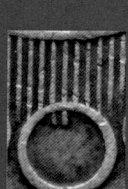

特　征：第四长须、出头政、细水汉（？）、粗盖华、反鳖足、粗二须、渝民、驼峰壹

经纬线DNA：52-50　32-32

重　量：26.1克

参考价：1500元（中品）—3000元（上品）

（5）第五长须版（图272）CB-272

特　征：第五长须、粗二须、渝民、驼峰壹

经纬线DNA：50-49　32-32

重　量：26.1克

参考价：1000元（中品）—2000元（上品）

(6) 第六粗改须版（图273）CB-273

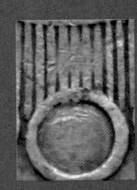

特　征：第六长须、宽头水、粗改须、开口贝、渝民、驼峰壹

经纬线DNA：52-50　33-34

重　量：25.7克

参考价：1000元（中品）—2000元（上品）

20、细二须版

（1）第一长须版（图274）CB-274

特　征：第一长须、细二须、渝民、驼峰壹

经纬线DNA：52-51　32-32

重　量：24.7克

参考价：800元（中品）—1600元（上品）

（2）第二长须版（图275）CB-275

特　征：第二长须、细二须、二脚壹、渝民、驼峰壹

经纬线DNA：51-50　32-32

重　量：26.1克

参考价：1000元（中品）—2000元（上品）

（3）第三长须版（图276）CB-276

特　征：第三长须、扁中、细二须、渝民、驼峰壹

经纬线DNA：49-48　31-32

重　量：26.3克

参考价：1000元（中品）—2000元（上品）

（4）第四长须版（图277）CB-277

特　征：第四长须、连点戈、改细二须、渝民、驼峰壹

经纬线DNA：51-50　32-32

重　量：26.5克

参考价：1000元（中品）—2000元（上品）

（5）第五长须版（图278）CB-278

特　征：第五长须、连边戈、改细二须、渝民、驼峰壹

经纬线DNA：51-50　32-31

重　量：25.8克

参考价：1000元（中品）—2600元（上品）

（6）第六长改须版（图279）CB-279

特　征：第六长须、改细二须、渝民、驼峰壹

经纬线DNA：52-51　32-31

重　量：25.5克

参考价：1000元（中品）—2600元（上品）

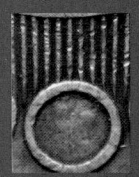

（四）一须版

1、长一须版（图280）CB-280

特　征：长一须、渝民、驼峰壹

经纬线DNA：51-50　32-32

重　量：25.4克

参考价：1000元（中品）—2000元（上品）

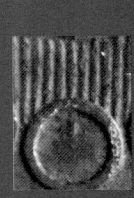

2、短一须版（图281）CB-281

特　征：短一须、渝民、驼峰壹

经纬线DNA：51-50　32-32

重　量：25.9克

参考价：1000元（中品）—2000元（上品）

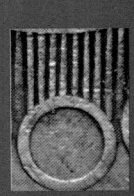

二、点国无点民版无须版（1926年—1928年）

（一）高银版1926年版

1、开口民版

（1）歪口壹版（图282）CB-282

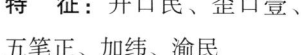

特　征：开口民、歪口壹、五笔正、加纬、渝民

经纬线DNA：51-50　32-32

重　量：26.2克

参考价：1000元（中品）—2800元（上品）

（2）正口壹版（图283）CB-283

特　征：开口民、正口壹、四笔正、渝民

经纬线DNA：51-50　32-32

重　量：26.0克

参考价：1000元（中品）—2800元（上品）

2、封口民版

（1）水漫银山版（图284）CB-284

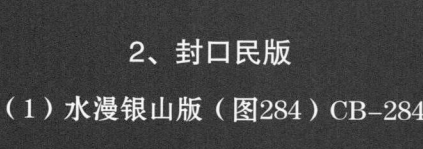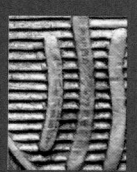

特　征：封口民、水漫银山、国连天地边、渝民

经纬线DNA：51-50　32-32

重　量：25.9克

参考价：1000元（中品）—2800元（上品）

（2）方贝版（图285）CB-285

特　征：封口民、方贝、国连边、渝民

经纬线DNA：51-50　32-32

重　量：25.9克

参考价：1000元（中品）—2800元（上品）

（3）圆贝版（图286）CB-286

特　征：封口民、圆贝、国连边、渝民

经纬线DNA：51-50　32-32

重　量：25.8克

参考价：1000元（中品）—2800元（上品）

（二）低银版1927年版

1、开口民版

（1）32纬不连圈汉版（图287）CB-287

特　征：32纬不连圈汉、开口民、戈连边、渝民

经纬线DNA：51-50　32-32

重　量：25.1克

参考价：1000元（中品）—2800元（上品）

（2）32纬连圈汉版（图288）CB-288

特　征：32纬连圈汉、开口民、戈连地边、渝民

经纬线DNA：51-50　32-32

重　量：25.2克

参考价：1000元（中品）—2800元（上品）

（3）33纬不连圈汉版（图289）CB-289

特　征：33纬不连圈汉、开口民、戈连地、渝民

经纬线DNA：51-50　33-33

重　量：25.3克

参考价：1000元（中品）—2800元（上品）

2、封口民（图290）CB-290

特　征：封口民、32纬不连圈汉、戈连边、渝民

经纬线DNA：51-50　32-32

重　量：25.4克

参考价：1000元（中品）—2800元（上品）

（三）无须版1928年版

1、开口民版

（1）无头戈版（图291）CB-291

特　征：无头戈、开口民、渝民

经纬线DNA：51-50　32-32

重　量：25.7克

参考价：1000元（中品）—2600元（上品）

（2）有头戈版（图292）CB-292

特　征：有头戈、开口民、渝民

经纬线DNA：51-50　32-32

重　量：25.6克

参考价：1000元（中品）—2600元（上品）

2、封口民版

（1）下坡线版（图293）CB-293

特　征：下坡线、封口民、高纬线、渝民

经纬线DNA：51-51　35-34

重　量：25.1克

参考价：1000元（中品）—2600元（上品）

（2）连横戈版（图294）CB-294

特　征：连横戈、封口民、渝民

经纬线DNA：51-50　32-32

重　量：25.7克

参考价：1000元（中品）—2600元（上品）

（3）连天戈版（图295）CB-295

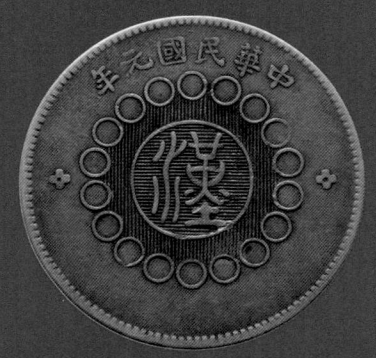  

特　征：连天戈、封口民、渝民

经纬线DNA：51-50　32-32

重　量：25.5克

参考价：1000元（中品）—2600元（上品）

（4）连角戈版（图296）CB-296

特　征：连角戈、封口民、拱背华、渝民

经纬线DNA：51-50　32-32

重　量：25.7克

参考价：1000元（中品）—2600元（上品）

（5）连边戈版（图297）CB-297

特　征：连边戈、封口民、渝民

经纬线DNA：51-50　32-32

重　量：25.6克

参考价：1000元（中品）—2600元（上品）

三、点国点民版大点金版（1929年—1934年）

（一）大点金版1929年版

1、上点年版

（1）上点年版（图298）CB-298

特　征：上点年、点国点民版、手工改内齿、112点环

经纬线DNA：62-62　42-42

重　量：25.6克

参考价：15000元（中品）—30000元（上品）

（2）上点年改点金版（图299）CB-299

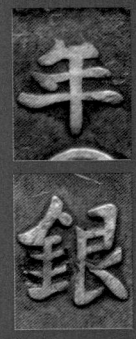

特　征：上点年改点金、点国点民版、113点环

经纬线DNA：62-62　42-42

重　量：25.6克

参考价：5000元（中品）—10000元（上品）

2、下点年版

（1）下点年版（图300）CB-300

特　征：下点年、点国点民版、113点环

经纬线DNA：62-62　41-41

重　量：25.9克

参考价：10000元（中品）—20000元（上品）

（2）下点年改点金版（图301）CB-301

特　征：下点年改点金、点国点民版、113点环

经纬线DNA：62-62　41-41

重　量：25.6克

参考价：2000元（中品）—4000元（上品）

3、竖点年版

（1）竖点年版（图302）CB-302

特　征：竖点年、点国点民版、113点环

经纬线DNA：62-62　42-41

重　量：25.4克

参考价：15000元（中品）—30000元（上品）

（2）竖点年改点金版（图303）CB-303

特　征：竖点年、改点金、点国点民版、113点环

经纬线DNA：62-62　42-41

重　量：25.1克

参考价：5000元（中品）—10000元（上品）

（二）大点金出须版1934年版

（1）下点年开口中版（图304）CB-304

特　征：大点金53、54经出须、点国点民版、113点环

经纬线DNA：62-62　42-42

重　量：25.8克

参考价：15000元（中品）—30000元（上品）

（2）下点年开口中改点金版（图305）CB-305

特　征：改点金53、54经出须、点国点民版、112点环；

经纬线DNA：62-62　42-42

重　量：25.9克

参考价：7000元（中品）—10000元（上品）

重庆铜元局

据文史记载，重庆铜元局曾经9次规模性铸币3800000圆，零星铸币2万多圆，共计382万多圆。

第一次铸造银圆（1919年版）

重庆铜元局是国家造币厂，按照规定是不能自由生产银币的。无论是在辛亥革命的混乱时期，还是在二次革命、护国战争、护法战争时期，以及后来的川滇、川黔军阀混战时期，重庆铜元局都没有生产过银币。并不是重庆缺资金、缺技术，而是重庆铜元局在当时的军阀眼里仍然是国家财产，无论是李哲夫、蒲季和还是吴明远都是按照政府的生产计划进行生产。

1919年以前，军队虽有增加，但数量不大。防区制形成后，军队急剧增加，军费开资巨大，国家对西南地区和重庆铜元局的管控明显减弱。四川防区制形成，地方军阀自征自收，特别是川南22县富庶区域的财政收入都被滇黔军征收，经济来源减少。加之1919年第一次世界大战结束，中国作为战胜国举办了许多庆祝活动，各方面开销都很大。这时中国银行兑换券、浚川源银行兑换券已停止使用，市面银圆流通量不大，成都造币厂虽在铸造银圆，但将白银运去又运回，不仅费时而且还要增加往返运输成本，所以委托重庆铜元局加工。而重庆铜元局英制设备中已配有较完整的校准机，不需另添设备即可铸造银圆。熊克武四川省政府应成都造币厂和重庆总商会各商帮要求，做出增加造币厂生产的决定，委托张治祥的重庆铜元局加工生产了银圆100万圆。各商号将银锭交专化银子的化炉房，化成约100两重的银条称为"大条"，以银条向铜元局掉换银圆，不另计加工费。银圆按照成都造币厂银圆成色生产，含银量不得低于银88%，紫铜12%，以加入的铜作为抵补加工费用。

这是重庆铜元局首次铸造银圆。此批银圆铸造较为认真，各商帮所交去的银条成色都经过了化验，产品制成也经过化验，并由商会担任监督，每隔一日商会会长温少鹤即去厂监督校准。凡废品、花纹不清者，当即钻上钢印，回炉重铸。负责生产的工务科，为了监管，在钢模版面的做下暗记以识别。这批银元加工上也得到七八万元的余利。由于成色高，重量微超，在重庆地区深受欢迎，也可以全川通行。从经纬线DNA上看，第一次铸造银圆很可能是34出须。

第二次铸造银圆（1920年5月版）

1920年驻合川的川军2军刘湘提出"川人治川"口号，引兵两路攻渝，迫黔军退出重庆，刘湘在渝就任川军各军总司令。1920年5月王雨农任重庆铜元局局长，铸造银币。从经纬线DNA上看，第二次铸造银圆很可能是细水汉（残废手）。

第三次铸造银圆（1920年10月后版）

1920年10月刘湘任命鲜英为重庆铜元局局长，三铸造银币。1922年6月，重庆铜元局局长刘炳勋奉二军军长杨森命筹措军饷，铸造100文充资，尚未交付，因二军战败而改供省联军，造银币与否不详。

从1922年12月–1923年12月9日，因为一、二军之战和一、三边军与三、七师之战，三、七两师达到铜元局所在的南岸。重庆铜元局局长一年内16次更换，有的在任一天，有的几天，最长的两个月，造银币与否不详。1923年2月川军第一军委任李心怡任重庆铜元局局长，四造银币。杨森借兵数旅反攻万县，连夺下川东及重庆，赵荣华旅驻渝。七、八、九月，石青阳部周西成师三占铜元局。从经纬线DNA上看，第三次铸造银圆很可能是三须、三横贝、四叠须、加点、拉丝渝、象牙四、加纬、K点四等等战国版。

第四次铸造银圆（1924年版）

1924年2月黔军反攻，驱逐川军3、7两师出铜元局，铜元局又回到黔军手中。黔军总司令袁祖铭掌握重庆驻军、护商、禁烟、铜元局等大宗收入，任命杨永懿为铜元局局长，借款30万，收购铜料及制钱，鼓铸20、50文铜钱，赢利专作黔军军饷。后由于铜料减少，时停时铸，到6月重庆铜元局已经欠款140万元。为了还债，又与主要债主中和银行签订新合同14条，分期借款30万，再购原料铸币，以每天所铸造之币全部交银行，定期结算，每月盈利1/3还债、2/3交黔军，造银币与否不详。

1925年4月1日，袁祖铭以重庆铜元局余利太少、亏铸太久，直接影响到黔军军饷为由，命令杨永懿裁减冗员，停止免费供给员工、勤杂夫役的伙食、灯油等杂费，严格清查和考核铜元局的各项开支。黔军长期采用以战养战的方法，在四川南部地区18县设立防区，派遣官吏，大肆勒索派遣苛捐杂税，利用四川的资源和人力为黔服务，激起四川民众的公愤。5月5日，川黔边防督办袁祖铭批准《财政部重庆铜元局修订章程》32条，重申铜元局的各项开支，并只支付工资，并且根据成都造币厂经验开始铸造小200文。由于小200文的铸造，直接引发了新一轮的收购旧10、20、50、100文熔币改铸的风波，导致整个重庆地区小面额钱币的减少直到绝迹，各地的零星交易只有用木签、竹签、铁片、分割的铜元进行，又间接引发了重庆各界6月的罢市。期间造银币与否不详。

1925年12月，四川善后会议在成都召开，50天会议通过了《四川财政善后案》，决定停止铸造小200文铜元。重庆总商会罢市要求先停铸币，后销毁模具，添铸10、20文救市。由于涉及军阀的直接利益，通过《四川财政善后案》后仍然执行艰难。

1926年1月24日，在自流井召开善后会议上，刘湘与袁祖铭由于分赃不均，袁祖铭要求补发5000支枪而因为兵工厂被焚没有实现，导致关系迅速恶化。

袁祖铭返抵重庆，增调黔军入城，策动鲜英师何金鳌部哗变，占领驻渝机关，将刘湘的主力部队逐出重庆。当时刘湘的部队被分别隔于上、下川东，无法集结，被迫向杨森谋求合作。于是刘、杨在武汉签订了"丙寅公约"，归还原来杨森所属的兵权，杨森与刘湘合作收复重庆后，下川东则为杨防区。4月20日，刘湘发出讨袁通电，各部师、旅长联名通电响应。5月5日，川军兵分上川东、下川东、川南三路，由刘湘、杨森、刘文辉发起进攻。5月21日川军进占重庆，袁祖铭于5月下旬和6月上旬率黔军全部离川返黔。刘湘占领袁祖铭割据的重庆、綦江、南川、黔江、彭水、酉阳、秀山等县。同时，占领重庆铜元局。

1920年至1926年间，省军、联军、黔军、北洋军阀在川争战更无宁息，而重庆为必争之地，1年之间往往数易驻军。但除川军三、七两师曾有一度较短时间达到铜元局所在的南岸外，其余时间铜元局都在黔军占领中。黔军远涉川境，军饷补给较为困难，全依赖于铜元局，对铜元局的争夺也就激烈。依附于川军的周西成也曾经3次占领铜元局，夺取了大量钱财。从经纬线DNA上看，第四次铸造银圆很可能是56、45出须版。

第五次铸造银圆（1926年版）

1926年刘湘占据重庆后，任命王陵基为重庆卫戍司令。王陵基进城之日即自兼铜元局局长，在铸造铜元同时，指令重庆铜元局局长王陵基试铸银币。在占领原黔军防区后，指令各地以大洋为本位，改两为元。1926年11月13日川康边防督办刘湘指令重庆铜元局就地收买生银，以4月为期，按照清朝宣统2年4月又颁布《币制则例》小规模铸造壹圆、5角两种银圆。重庆铜元局于11月15日开始第二次使用英国机器和校准机进行试铸，首批使用的是重庆地区收购的10两川锭800枚共计8000两，成色按照天津造币总厂略低铸造，壹圆重量为97库平7钱1分5厘，图案仍然按照1919年重庆生产的军政府造壹圆银圆铸造。这是重庆生产的最高成色银圆，重量在26.0克以上，又称高银版。按照常规比例，首批8000两可以生产壹圆银圆15000枚和5角银圆35000枚。由于是计划外的生产，只能是占用1919年的生产编号。1926年12月22日，川康边防督办署专门发布告示通告重庆市民。

1926年刘湘派其参谋长杨芳毓主办钢铁厂，并聘请德国工程师将重庆铜元局存放的炼钢电炉全套设备以及铜元局的修理设备等搬运到磁器口设立21军钢铁厂。刘湘后来将重庆铜元局改成国民党第21军子弹厂，任命其妻弟为厂长，利用铜元局压片设备制造子弹生产子弹，从铸造铜元转为兵工生产，后来改为兵工署第20工厂，20世纪80年代为国营长江电工厂。

在黔军和刘湘占领时期，该生产已趋于萎缩，处于半停顿状态，许多工人只得另谋出路。如有的搞点手工艺维持生活，刻钢模的工人就出去刻钢印，上海来的翻沙领工袁华宣就带了部分工人在铜元局附近开设重庆最早的一家私营翻砂厂。而这时军阀、师阀、团阀都在大搞武器修理所和造币厂，购买铜元局造币机器，也吸收部分铜元局工人。铜元局的机器先后被三四十家购买，大多数是军阀的厂。从经纬线DNA和重量上看，第五次铸造银圆很可能是重庆无须高银版。

第六次铸造银圆（1927年版）

1927年间，整个四川流行5角厂版。期间因成都造币厂所铸5角厂版和杂版打折跌价而发生币潮，并席卷川西，整个市面抵制杂版5角币。当时重庆未准使用5角银币，尚无影响。田颂尧防区潼川等地一向用5角银币，重庆丝商在币潮之前已调款赴潼收茧，所调多系5角银币，而茧未上市，币潮已起，5角银币乃遭拒用。丝商不得已将约60万元之5角银币运回请重庆铜元局改铸大元（《绵阳市金融志》1993年版70页记载：其中三台14万半圆银币运到重庆铜元局以六二三成换铸大洋）。丝商虽遭受护运费及改铸折耗的损失，但得铜元局的改铸也挽回不少损失。这次铸币属于"急就币"，基本是以原来币的成色改制，质量和重量都不高，成色80%以下。由于与1919年重庆版式只是没有出须等而在整体形态上与之一样，因此也能够在全川使用。从经纬线DNA和重量上看，第六次铸造银圆很可能是重庆无须低银版。

第七次铸造银圆（1928年版）

1927年，成都出现拒用半元劣币风波，逐渐扩大到罢课、罢工、罢市的风潮。由于重庆没有大量铸造劣质半元币，社会经济上基本上没有受到影响。相反，由于重庆和川东政局平稳，经济发展比较快，对银钱需要集聚增加。重庆银钱业30年来一直使用"划条"方式进行各种业务，即见票支付银圆或者银锭。由于银圆减少，支付困难，应重庆总商会要求，1928年重庆铜元局开始上马铸造银币，由于有了在潼川等地使用的经验，铸造的银圆的成色就没有前几次的高，也引起了商会的不满。这只是实验性生产。1928年10月22日，重庆总商会召集各商帮会议决定，请求刘湘政府铸造合法银圆，并希望按照1919年方式成立商会化验鉴定所，监督铸币成色。

成都造币厂停止铸造壹圆银币后，四川各军借口发军饷，在防区内鼓铸各种减色银圆、铜元，以至劣质银币充斥市场，引起经济恐慌。1928年12月出席全国商会临时代表大会的重庆代表，向国民政府请愿，要求销毁川省不良货币，拆除各防区的造币机器，不得再铸。数年来，从重庆流出川的银钱就达2740万元，也加重了四川的金融负担。从经纬线DNA和重量上看，第七次铸造银圆很可能是重庆无须低银版。

第八次铸造银圆（1929年版）

1929年7月后，由于四川战乱，市面银币周转困难，铜币又因为运输受阻，加之各地军阀购买铜制造子弹和手榴弹，致全川流通的银圆、铜币不足，刘湘、刘文辉、邓锡侯、田颂尧在重庆商量，决定在省外购买银铜，并在重庆赶铸，由21军军部电请中央财政部颁发币模。并随后重申所有税捐一律使用壹圆银圆。1933年3月，国民政府公布《银本位币铸造条例》，规定银本位币定名为"圆"，每枚重26.6971公分（克），含银88%、铜12%。一切公私款项及交易均用银本位币受理。4月6日财政部通令废两改元，规定公私收付及契约票据一律改用银币，不得使用银两。原定以银两支付的，按生银每7钱1分5厘折合1圆，用银圆支付。4月20日重庆21军军部通令全成区按照财政部每7钱1分5厘折合1圆执行。

在1933年2月，重庆市面上光面、哑版银圆数量增多，21军军部下令指定粮契税券管理委员会为收兑机关，从20日起到3月16日为止，一律钢戳回收送铜元局换掉另铸。由于时间短，铸造量很少。第八次1929年重庆铜元局生产的可能是大点金。

从周围军阀仿重庆大点金版也可以推论1929年重庆铜元局生产的也是大点金：

（1）赤水仿重庆大点金版：赤水造仿重庆大点金；

（2）赤水仿重庆改点金版：赤水造仿重庆大点金，由于25.1克较轻，故先后仿了重庆二须、并改大点金为四横金；但是仍然无法掩盖其"周版大洋"的赤水技术风格（内齿连线、中花、汽车银圆字体等），由于这些仿重庆大点金版是在厂中完成制版并进行正规生产的，故可以列为仿重庆改点金版；

（3）万县仿重庆大点金版：万县造仿重庆大点金，其他风格与重庆大点金版相似，只是改大点金为四横金。

第九次铸造银圆（1934年版）

1932年9月，安川之战结束，刘湘占有川东、川南、川西地区80余县，军队扩展至10余万人，统一全川，结束了四川长达17年的军阀混战。1926年以后，重庆地区虽然偶有战争，但都没有波及重庆铜元局。继5角币潮不久，刘湘所发地方钞因军费日大，无限制发行，结果重庆发生挤兑，演成踩死数人的惨剧。刘湘之财务处长唐华持穷辞职，以副处长刘航琛继任。21军从1929年秋开始，刘航琛正式出任21军财政处处长，所欠金融界各种债务已达1.3亿之巨。1934年4月27日，刘湘借口剿共筹措资金、弥补战争贷款和维持地方钞信用，决定以借新债还旧债的方式，从金融界再借资，走原来的老路委托聚兴诚银行从上海购买白银128.7万两，运抵重庆铜元局铸造四川军政府壹圆银圆还债。5月22日重庆铜元局改组为重庆造币厂，由21军委任的周晓岚出任厂长。从5月30日开始生产银圆，仿照成都造币厂老模四川军政府壹圆银圆样式生产，指定21军子弹厂负责审核成色，日产由1万增加到4万，至6月7日止已经生产22.5万圆。财政部部长孔祥熙根据报告，电令四川省政府，以重庆造币厂生产低成色银圆，而非中央币模银圆，扰乱金融币制和有悖于本次财政会议案，应立即停止铸造，并马上上缴并销毁币模。因此，最后的大点金重庆版也在铸造了22.5万圆后停止了生产。由于铸造的银圆质量"低下"，数年之后仍然只能局限在重庆行使。重庆铜元局依赖做这批银圆又维持了半年多的时间，此后货币生产即告停顿。1934年第九次重庆铜元局生产的可能是加须大点金。

这里所指的1934年版应该有两部分：一是刘湘从上海购买白银128.7万两改组前生产的；二是改组为重庆造币厂后生产的22.5万。按照理论，128.7万两可以造1734652枚，按照记载，这1734652枚并不是全部生产了四川军政府壹圆银圆，还有"帆版"银圆。

1934年7月1日，重庆造币厂按照中央银圆币模铸造银币，即"帆版"银圆。从此，停止生产四川军政府壹圆银圆。

重庆铜元局版壹圆银币版别共同特点（大点金除外）

驼峰壹、渝民、渝边齿、三角点年、方圆、小开口四、点国无点民

重庆版顺序

1919年版34川须→1920年5月版细水汉→1920年10月-1923年版多须战国版→1926年高银版→1927年低银版→1928年版→1929年版大点金和改点金→1934年加须大点金。

刘湘防区

1918年7月防区：潼南、永川、合川、铜梁、大足、荣昌、隆昌、璧山、武胜；

1919年4月防区：永川、荣昌、隆昌、铜梁、安岳、潼南、璧山、大足、合川、武胜、江北、长寿、邻水；

1920年8月防区：阆中、巴中、通江、南江；

1921年7月防区：重庆、万县、合川、泸州、铜梁等；

1925年3月防区：重庆、万县、忠县、丰都、开县、云阳、奉节、巫山、巫溪；

1925年8月24日防区：重庆、巫山、奉节、云阳、开县、万县、巫溪、梁山、忠县、石柱、垫江、大足、邻水、岳池、铜梁、大竹、永川、荣昌、隆昌、内江、资中、资阳；

1926年2月防区：巫山、奉节、云阳、开县、万县、巫溪、梁山、忠县、石柱、垫江、大足、邻水、岳池、铜梁、大竹、永川、荣昌、隆昌、内江、资中、资阳；

1928年10月防区：巫山、奉节、云阳、开县、万县、巫溪、梁山、忠县、石柱、永川、荣昌、隆昌、内江、资中、资阳；

1931年防区：重庆、江北、巴县、合川、铜梁、大足、璧山、綦江、南川、涪陵、丰都、长寿、梁山、开江、邻水、大竹、云阳、开县、万县、奉节、巫山、大宁、忠县、石柱、酉阳、秀山、黔江、彭水等20余县；

1932年防区：重庆、江北、巴县、合川、铜梁、大足、璧山、綦江、南川、涪陵、丰都、长寿、垫江、梁山、邻水、大竹、云阳、开县、万县、奉节、巫山、大宁、忠县、石柱、酉阳、秀山、黔江、彭水等28余县及鄂西18县；

1933年9月防区：全川（除外雅安8县、西康等等）。

(二十一)名誉版

一、点国点民版

（一）八点银

1、川剧变脸前版（图306）CB-306

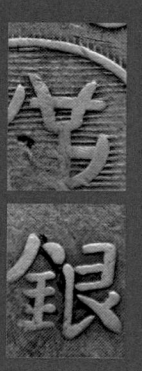

特　　征：川剧变脸前汉、两点造、八点银、11币

经纬线DNA：52-55　39-39

重　　量：24.8克

参考价：10000元（中品）—20000元（上品）

2、川剧变脸后版（图307）CB-307

特　　征：川剧变脸后汉、两点造、八点银、连币

经纬线DNA：56-52　41-40

重　　量：25.8克

参考价：10000元（中品）—20000元（上品）

（二）夸父逐日中花版（图308）CB-308

特　　征：夸父逐日中花、大字、宀府、插点年

经纬线DNA：46-45　29-29

重　　量：22.3克

参考价：5000元（中品）—10000元（上品）

(三)奥特曼中花版(图309)CB-309

特　征：奥特曼中花、大字、开口中、四点华、儿元、竖点年、方头汉、开口壹、八四、告造

经纬线DNA：54-55　31-31

重　量：24.5克

参考价：5000元（中品）—10000元（上品）

(四)小字V头汉版(图310)CB-310

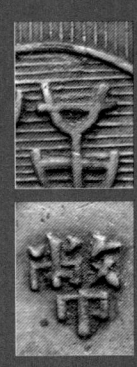

特　征：V头汉、小字、锤点银

经纬线DNA：43-45　30-30

重　量：27.0克

参考价：7000元（中品）—14000元（上品）

(五)仿重庆改点金版(图311)CB-311

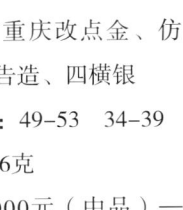

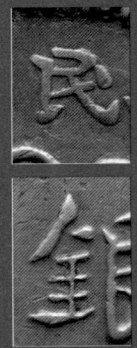

特　征：仿重庆改点金、仿重庆大点金告造、四横银

经纬线DNA：49-53　34-39

重　量：21.6克

参考价：2000元（中品）—4000元（上品）

（六）仿告造版（图312）CB-312

特　　征：蟹钳汉、竖点年、双内齿、告造、折水汉

经纬线DNA：42-38　30-30

重　　量：26.3克

参考价：4000元（中品）—8000元（上品）

（七）三点府版（图313）CB-313

特　　征：三点府、上点国、穿点民、上点银、小字、高水汉

经纬线DNA：56-57　40-41

重　　量：21.6克

参考价：4000元（中品）—8000元（上品）

（八）斜帽汉版（图314）CB-314

特　　征：斜帽汉、分点银、素花

经纬线DNA：45-46　29-29

重　　量：22.9克

参考价：2000元（中品）—4000元（上品）

（九）方头汉版（图315）CB-315

特　征：方头汉、告造、1分正、开口军、斜头军、素中花

经纬线DNA：44-47　30-31

重　量：25.0克

参考价：4000元（中品）—8000元（上品）

（十）仿直水汉版（图316）CB-316

特　征：直水汉、告造、两点造、大点金、素中花

经纬线DNA：51-53　45-44

重　量：25.6克

参考价：4000元（中品）—8000元（上品）

（十一）竖点年版（图317）CB-317

特　征：竖点年、分水汉、横点汉

经纬线DNA：68-66　44-48

重　量：21.8克

参考价：2000元（中品）—4000元（上品）

（十二）蟹钳政版（图318）CB-318

特　征：蟹钳政、上水汉、高帽民、告造

经纬线DNA：43-41　25-25

重　量：22.8克

参考价：3000元（中品）—6000元（上品）

（十三）77造版（图319）CB-319

特　征：77造、吊脚汉、竖点年、告造、连银

经纬线DNA：51-51　35-35

重　量：23.3克

参考价：3000元（中品）—6000元（上品）

（十四）闭口币版（图320）CB-320

特　征：闭口币、雷达扫描环、双飞汉

经纬线DNA：58-50　39-39

重　量：22.6克

参考价：2000元（中品）—4000元（上品）

（十五）仿蹩足圆版（图321）CB-321

特　征：仿蹩足圆、腋点年、八四

经纬线DNA：42-42　28-30

重　量：27.2克

参考价：2000元（中品）—4000元（上品）

（十六）仿告造版（图322）CB-322

特　征：仿告造、挂点年、实口国

经纬线DNA：44-44　28-30

重　量：23.5克

参考价：2000元（中品）—4000元（上品）

二、点国无点民版

（一）仿赤水点金版（图323）CB-323

特　征：仿赤水点金汉、两飘、大V政、赤水造内齿、周版四、针眼花

经纬线DNA：64-62　41-41

重　量：25.2克

参考价：8000元（中品）—16000元（上品）

（二）仿重庆二须版（图324）CB-324

 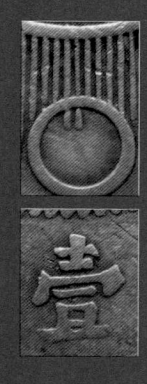 

特　征：仿重庆二须、两须、歪头汉、仿驼峰壹、仿重庆中花

经纬线DNA：54-54　36-36

重　量：25.7克

参考价：8000元（中品）—16000元（上品）

（三）仿大小点金版（图325）CB-325

 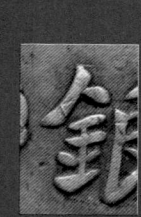 

特　征：仿大小点金、双飞汉、一须、扁口造、出脚贝

经纬线DNA：44-44　34-34

重　量：25.1克

参考价：8000元（中品）—16000元（上品）

（四）仿两点造版（图326）CB-326

特　征：两点造、U头汉、分点银、6壹、中指川、小点币

经纬线DNA：47-48　30-30

重　量：23.4克

参考价：8000元（中品）—16000元（上品）

（五）说唱俑版（图327）CB-327

特　征：说唱俑汉、两点告造、素中花

经纬线DNA：62-61　46-48

重　量：25.0克

参考价：2000元（中品）—4000元（上品）

（六）仿肥川版（图328）CB-328

特　征：仿肥川、细字肥川

经纬线DNA：46-45　32-32

重　量：25.0克

参考价：3000元（中品）—6000元（上品）

 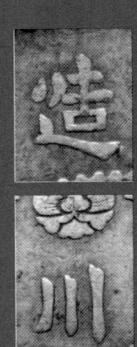 

（七）4口造版（图329）CB-329

特　征：4口造、歪中花、方头汉、P壹

经纬线DNA：54-51　38-39

重　量：24.6克

参考价：3000元（中品）—6000元（上品）

（八）义国版（图330）CB-330

特　征：义国、方头汉、实三角圆、脱鞋民

经纬线DNA：52-51　35-34

重　量：25.0克

参考价：3000元（中品）—6000元（上品）

（九）分元版（图331）CB-331

 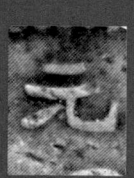 

特　征：分元、分水汉、分国、分四、分银、告造

经纬线DNA：52-50　31-31

重　量：25.6克

参考价：2000元（中品）—6000元（上品）

（十）U头汉版（图332）CB-332

特　征：U头汉、连巾币

经纬线DNA：48-50　32-31

重　量：22.4克

参考价：2000元（中品）—4000元（上品）

(十一)半罐银版(图333)CB-333

特　征：半罐银、三角巾币、低经纬

经纬线DNA：29-29　24-24

重　量：26.2克

参考价：2000元(中品)—4000元(上品)

(十二)X银版(图334)CB-334

特　征：X银、复打、拳点四

经纬线DNA：44-41　28-27

重　量：26.2克

参考价：4000元(中品)—8000元(上品)

(十三)开国版(图335)CB-335

特　征：开国、工字汉、小方头、兑头汉、铜板手、非包壳

经纬线DNA：67-64　49-48

重　量：22.7克

参考价：4000元(中品)—8000元(上品)

三、国民无点版

（一）蜂鸟花版

1、尖头银（图336）CB-336

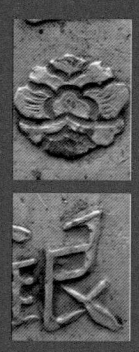

特　征：蜂鸟花、尖头银
经纬线DNA：48-47　30-30
重　量：26.7克
参考价：8000元（中品）—16000元（上品）

2、平头银（图337）CB-337

特　征：蜂鸟花、平头银
经纬线DNA：46-44　28-29
重　量：25.4克
参考价：8000元（中品）—16000元（上品）

（二）蛇头银版（图338）CB-338

特　征：蛇头银、狐尾元
经纬线DNA：48-46　32（31）-32（31）
重　量：25.8克
参考价：4000元（中品）—8000元（上品）

（三）川南农民协会造币厂版（图339）CB-339

 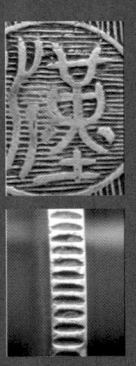 

特　征：袍哥汉、土刻工艺、重庆边齿、川南川中小字风格、合江民腿、川北银点、川南农民协会造币厂

经纬线DNA：43-41　31-32

重　量：25.9克

参考价：3000元（中品）—6000元（上品）

（四）二横贝版（图340）CB-340

特　征：二横贝（日圆）、龟版花

经纬线DNA：52-52　35-35

重　量：25.8克

参考价：3000元（中品）—6000元（上品）

（五）年年升版（图341）CB-341

特　征：年年升、桶胸汉、且壹、斜中花、联币

经纬线DNA：37-42　26-26

重　量：25.9克

参考价：3000元（中品）—6000元（上品）

（六）两点银版（图342）CB-342

特　征：两点银、斜点府

经纬线DNA：47-48　28-28

重　量：21.9克

参考价：1000元（中品）—
2000元（上品）

（七）倒草壹版（图343）CB-343

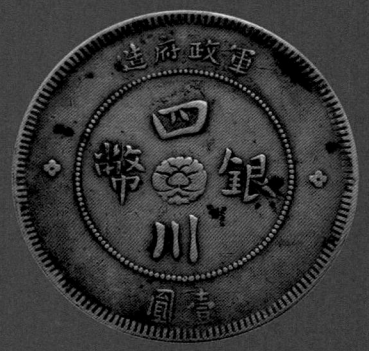

特　征：倒草壹、方头汉、
斜四、扁口造

经纬线DNA：45-46　30
（31）-30

重　量：23.4克

参考价：3000元（中品）—
6000元（上品）

（八）开口汉版（图344）CB-344

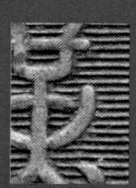

特　征：开口汉、仿向造

经纬线DNA：56-56　37-37

重　量：21.5克

参考价：1000元（中品）—
2000元（上品）

（九）厚环多须版（图345）CB-345

特　征：厚环、多须、少纬
经纬线DNA：41-41　26-26
重　量：25.6克
参考价：3000元（中品）—6000元（上品）

（十）高飞汉版（图346）CB-346

特　征：高飞汉（羽翎军汉）、连尾军、飘华、多出须
经纬线DNA：54-51　36-34
重　量：24.0克
参考价：3000元（中品）—6000元（上品）

（十一）竖点年版（图347）CB-347

特　征：竖点年、五角银币风格、巨中花、妖娆汉、告造
经纬线DNA：56-58　33-35
重　量：25.2克
参考价：3000元（中品）—6000元（上品）

（二十二）点民无点国版

一、通天水版（图348）CB-348

特　征：通天水、点民无点国

经纬线DNA：46-45　28-24

重　量：25.2克

参考价：1000元（中品）—2000元（上品）

二、独木舟版（图349）CB-349

特　征：独木舟、龟版中花、点民无点国、小圈（红军1933年版）

经纬线DNA：33-34　22-24

重　量：22.6克

参考价：10000元（中品）—20000元（上品）

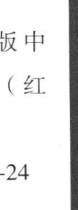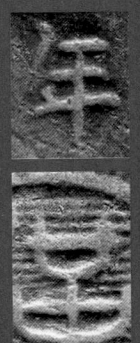

三、大头汉版（图61）CB-61

特　征：点民无点国、大头汉、双出肩币、132点环（1928年—1931年版）

经纬线DNA：53-53　33-32

重　量：25.4克

参考价：8000元（中品）—15000元（上品）

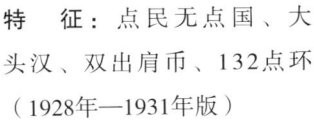

（二十三）点国点民版

一、方头汉版

（一）右大肚版（图350）CB-350

特　征：右大肚、方头汉、点国点民、厚包

经纬线DNA：66-65　46-46

重　量：23.6克

参考价：2000元（中品）—4000元（上品）

（二）左鳖足圆版（图351）CB-351

特　征：左鳖足圆、方头汉、点国点民、厚包

经纬线DNA：67-67　48-48

重　量：25.4克

参考价：1000元（中品）—2000元（上品）

（三）连点国版（图352）CB-352

特　征：连点国、方头汉、点国点民、厚包

经纬线DNA：66-67　43-42

重　量：24.8克

参考价：1000元（中品）—2000元（上品）

二、歪头汉版

（一）竖点年版（图353）CB-353

特　征：竖点年、牛口造、鬼中花、点国点民

经纬线DNA：70-64　40-41

重　量：24.3克

参考价：2000元（中品）—4000元（上品）

（二）告造版（图354）CB-354

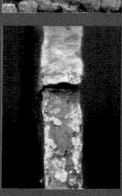

特　征：告造、包壳、点国点民

经纬线DNA：60？-30

重　量：24.0克

参考价：200元（中品）—400元（上品）

三、象拔四版

（一）断足民版（图355）CB-355

特　征：象拔四、断足民、蟹钳汉、左鳖足圆、点国点民、厚包

经纬线DNA：57-55　35-35

重　量：22.7克

参考价：1000元（中品）—2000元（上品）

（二）连足民版（图356）CB-356

特　征：象拔四、连足民、蟹钳汉、左鳌足圆、点国点民

经纬线DNA：52-53　35-35

重　量：24.5克

参考价：2000元（中品）—4000元（上品）

（三）圆点年版（图357）CB-357

特　征：圆点年、象拔四、连足民、蟹钳汉、左鳌足圆、点国点民、包壳

经纬线DNA：60-56　40-40

重　量：20.9克

参考价：300元（中品）—600元（上品）

（四）口政版（图358）CB-358

特　征：口政、象拔四、断足民、左鳌足圆、点国点民、包壳

经纬线DNA：60-62　42-41

重　量：23.1克

参考价：1000元（中品）—2000元（上品）

四、大头汉版

（一）无头戈版（图359）CB-359

特　征：无头戈、大头汉、点国点民、厚包

经纬线DNA：71-72　46-46

重　量：24.3克

参考价：1000元（中品）—2000元（上品）

（二）有头戈版（图360）CB-360

特　征：无头戈、大头汉、点国点民、厚包

经纬线DNA：69-71　45-45

重　量：23.7克

参考价：1000元（中品）—2000元（上品）

五、密须鬼脸中花版

（一）扁头汉版（图361）CB-361

特　征：扁头汉、密须、点国点民、鬼脸中花、厚包

经纬线DNA：71-71　46-47

重　量：23.0克

参考价：1000元（中品）—2000元（上品）

（二）圆头汉版（图362）CB-362

特　征：圆头汉、密须、上粘点年、点国点民、鬼脸中花、厚包
经纬线DNA：67-70　46-47
重　量：21.6克
参考价：1000元（中品）—2000元（上品）

六、竖点年版

（一）方头汉

1、大圆版（图363）CB-363

特　征：大圆、小方头汉、点国点民、包壳
经纬线DNA：?-?　?-?
重　量：24.8克
参考价：200元（中品）—400元（上品）

2、小圆版（图364）CB-364

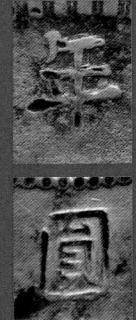

特　征：小圆、小方头汉、点国点民、包壳
经纬线DNA：?-?　?-?
重　量：25.4克
参考价：200元（中品）—400元（上品）

（二）翘头汉版（图365）CB-365

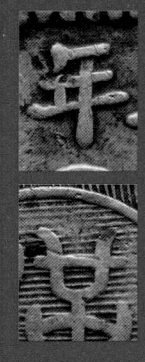

特　征：翘头汉、点国点民、包壳

经纬线DNA：64-64　41-43

重　量：19.0克

参考价：1000元（中品）—2000元（上品）

七、仿告造版

（一）粘国粘华版（图366）CB-366

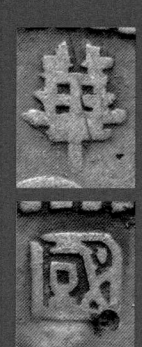

特　征：粘国粘华、仿告造、点国点民

经纬线DNA：48-47　30-30

重　量：20.7克

参考价：1200元（中品）—2400元（上品）

（二）斜点年厚包版（图367）CB-367

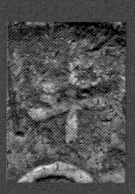

特　征：斜点年、厚包、仿告造、点国点民

经纬线DNA：45-41　34-34

重　量：23.9克

参考价：200元（中品）—400元（上品）

(三)两点告造版(图368)CB-368

特　征：两点告造、仿告造、横点年、点国点民

经纬线DNA：58-?　37-?

重　量：22.4克

参考价：200元（中品）—400元（上品）

(四)高头汉版(图369)CB-369

特　征：高头汉、包壳、仿告造、点国点民

经纬线DNA：58-60　38-37

重　量：23.0克

参考价：800元（中品）—1600元（上品）

(五)实口国版(图370)CB-370

特　征：实口国、粘华、粘年、粘军、粘府、粘银、粘币、粘壹圆、仿告造、异中花、点国点民、包壳?

经纬线DNA：67-67　41-43

重　量：25.2克

参考价：1500元（中品）—3000元（上品）

八、牛口造版

（一）大圆头版（图371）CB-371

特　征：大圆头、牛口造、高头汉、包壳、仿告造、点国点民

经纬线DNA：56-57　35-35

重　量：24.8克

参考价：700元（中品）—1400元（上品）

（二）小圆头版（图372）CB-372

特　征：小圆头、牛口造、包壳、点国点民

经纬线DNA：56-53　39-36

重　量：25.6克

参考价：1000元（中品）—2400元（上品）

九、仿两点造版

（一）大两点造版（图373）CB-373

特　征：大两点造、连中巾、点国点民、包壳

经纬线DNA：63-65　43-43

重　量：24.4克

参考价：2000元（中品）—4000元（上品）

（二）小两点告造版（图374）CB-374

特　征：小两点告造、连边巾、点国点民

经纬线DNA：57-56　40-38

重　量：22.5克

参考价：2000元（中品）—4000元（上品）

（三）两点造版（图375）CB-375

特　征：两点造、八点银、点国点民

经纬线DNA：57-53　40-39

重　量：25.7克

参考价：5000元（中品）—10000元（上品）

十、实口造版

（一）M币版（图376）CB-376

特　征：M币、仿大点金汉、实口造、点国点民、包壳

经纬线DNA：72-71　45-45

重　量：24.1克

参考价：2000元（中品）—4000元（上品）

（二）粗字版（图377）CB-377

特　征：粗字、实口造、连天戈、点国点民、包壳

经纬线DNA：71-70　44-45

重　量：22.8克

参考价：1000元（中品）—2000元（上品）

十一、出头圆版（图378）CB-378

特　征：出头圆、仿大点金汉、点国点民、包壳

经纬线DNA：69-71　45-46

重　量：24.4克

参考价：2000元（中品）—4000元（上品）

十二、仿方头汉版

（一）竖点年版（图379）CB-379

 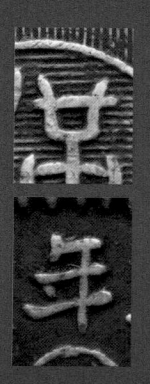 

特　征：竖点年、脱鞋民、出贝圆、点国点民

经纬线DNA：59-58　37-37

重　量：25.3克

参考价：2000元（中品）—4000元（上品）

（二）挑点年版（图380）CB-380

特　征：挑点年、合江内齿、验槽银、点国点民

经纬线DNA：74-74　46-46

重　量：26.9克

参考价：1000元（中品）—2000元（上品）

 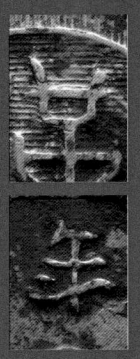 

十三、封口币版（图381）CB-381

特　征：封口币、羊角汉、点国点民、包壳

经纬线DNA：58-50　40-41

重　量：21.9克

参考价：1200元（中品）—2400元（上品）

十四、螳螂头版（图382）CB-382

特　征：螳螂头、粘点年、点国点民、包壳

经纬线DNA：48-48　31-31

重　量：24.5克

参考价：1200元（中品）—2400元（上品）

十五、大马齿版（图383）CB-383

特　　征：大马齿、宽府、点国点民、包壳

经纬线DNA：60-61　40-40

重　　量：24.8克

参　考　价：1200元（中品）—2400元（上品）

十六、大钩银版（图384）CB-384

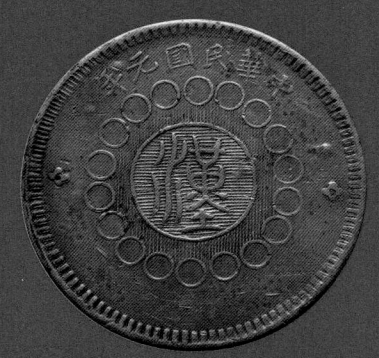 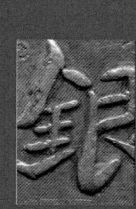 

特　　征：大钩银、内八府、点国点民、包壳

经纬线DNA：55-53　34-34

重　　量：21.6克

参　考　价：1200元（中品）—2400元（上品）

十七、凹华版（图385）CB-385

特　　征：凹华、斜点年、薄包银、点国点民

经纬线DNA：70-71　46-45

重　　量：24.1克

参　考　价：800元（中品）—1600元（上品）

十八、细枝汉（残废手）版（图386）CB-386

特　征：细枝汉（残废手）、告造、斜中花、包银、点国点民

经纬线DNA：58-59　37-38

重　量：23.0克

参考价：800元（中品）—1600元（上品）

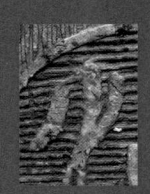

十九、下坡线版（图387）CB-387

特　征：下坡线、薄顶四、包银、点国点民

经纬线DNA：70-68　43-41

重　量：23.2克

参考价：800元（中品）—1600元（上品）

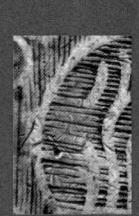

二十、仿告造版（图388）CB-388

特　征：仿告造、二等民、薄顶四、包银、点国点民

经纬线DNA：48-47　30-30

重　量：21.0克

参考价：800元（中品）—1600元（上品）

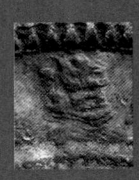

（二十四）点国无点民版

一、旧厂模改版

（一）斜头军版（图389）CB-389

特　征：旧厂模改、废模、点国无点民

经纬线DNA：53-5235-35

重　量：25.4克

参考价：2000元（中品）—4000元（上品）

 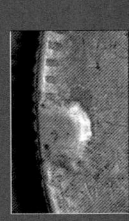 

（二）探头汉版（图390）CB-390

特　征：凸齿大环、废模、锯内齿、凹边齿、底纹裂、点国无点民

经纬线DNA：50-5135-35

重　量：25.4克

参考价：2000元（中品）—4000元（上品）

（三）断经纬线版（图391）CB-391

特　征：废厂模改、断经纬线、点国无点民

经纬线DNA：46-4730-31

重　量：24.4克

参考价：1000元（中品）—2000元（上品）

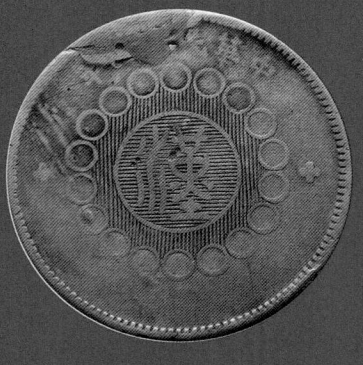 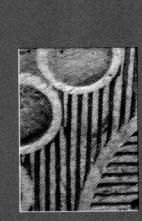 

二、球点国版

（一）竖点年版（图392）CB-392

特　征：竖点年、球点国、粗字、点国无点民

经纬线DNA：61-61　37-37

重量：20.9克

参考价：1500元（中品）—3000元（上品）

（二）横点造版（图393）CB-393

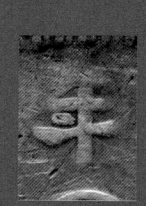

特　征：两点造、横点年、球点国、粗字、点国无点民

经纬线DNA：58-60　39-37

重量：22.9克

参考价：800元（中品）—1600元（上品）

（三）高脚民版（图394）CB-394

特　征：高脚民、竖点年、球点国、小字、点国无点民、包壳

经纬线DNA：46-48　29-29

重量：24.5克

参考价：500元（中品）—1000元（上品）

三、方头汉版

（一）大方头版（图395）CB-395

特　　征：大方头、告造、翘头民、点国无点民、包壳

经纬线DNA：58-64　40-39

重　　量：25.3克

参考价：1000元（中品）—2000元（上品）

（二）小方头版（图396）CB-396

特　　征：小方头、点国无点民

经纬线DNA：58-?　?-?

重　　量：23.4克

参考价：1200元（中品）—2400元（上品）

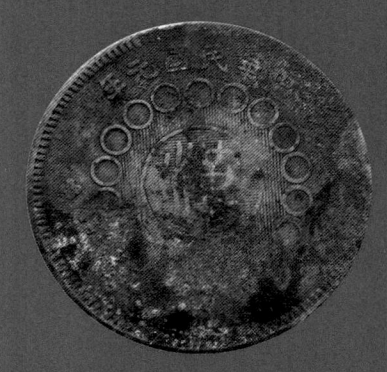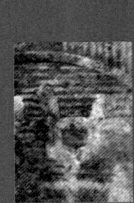

四、分点银版

（一）正帽汉版（图397）CB-397

特　　征：正帽汉、连地国、点国无点民、包壳

经纬线DNA：47-48　28-28

重　　量：21.8克

参考价：1000元（中品）—2000元（上品）

（二）斜帽汉版（图398）CB-398

特　征：斜帽汉、连边国、点国无点民、包壳

经纬线DNA：45-46　29-29

重　量：19.8克

参考价：1000元（中品）—2000元（上品）

（三）缺口造版（图399）CB-399

特　征：缺口造、点国无点民、包壳

经纬线DNA：59-56　37-37

重　量：22.5克

参考价：1000元（中品）—2000元（上品）

五、两点告造版

（一）大两点告造版（图400）CB-400

特　征：大两点造、告造、胖脸华、点国无点民、包壳

经纬线DNA：54-55　35-35

重　量：24.0克

参考价：1000元（中品）—2000元（上品）

（二）小两点告造版（图401）CB-401

特　征：椎凸汉（颈椎）、小两点告造、告造、点国无点民、厚包壳

经纬线DNA：56-52　36-37

重　量：21.0克

参考价：2000元（中品）—4000元（上品）

六、歪头汉版

（一）大歪头汉版（图402）CB-402

特　征：大歪头汉、厚脚造、胖四、肥歪币、高中花、点国无点民、厚包壳

经纬线DNA：60-56　33-31

重　量：25.7克

参考价：2000元（中品）—4000元（上品）

（二）左歪头汉（银笑）版（图403）CB-403

特　征：左歪头汉、银笑、左旋中花、点国无点民、厚包壳

经纬线DNA：60-60　39-39

重　量：24.3克

参考价：1200元（中品）—2400元（上品）

（三）右歪头汉版（图404）CB-404

特　征：右歪头汉、义国、右旋中花、点国无点民
经纬线DNA：53-52　34-34
重　量：23.8克
参考价：1200元（中品）—2400元（上品）

七、上粘点年版（图405）CB-405

特　征：上粘点年、浅头汉、翘脚民、点国无点民、厚包壳
经纬线DNA：45-47　27-28
重　量：24.3克
参考价：1200元（中品）—2400元（上品）

八、羊角汉版（图406）CB-406

特　征：羊角汉、点国无点民、包壳
经纬线DNA：54-52　37-38
重　量：25.1克
参考价：700元（中品）—1400元（上品）

九、尖头四版（图407）CB-407

特　征：尖头四、中方头、点国无点民

经纬线DNA：49-48　33-33

重　量：21.7克

参考价：1200元（中品）—2400元（上品）

 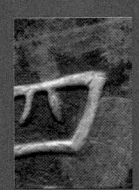 

十、铜刻模手版（图408）CB-408

特　征：铜刻模手、双飞、点国无点民

经纬线DNA：58-58　39-39

重　量：23.4克

参考价：2000元（中品）—4000元（上品）

十一、扳手造版（图409）CB-409

特　征：扳手造、××银、高银、点国无点民

经纬线DNA：45-43　28-28

重　量：26.6克

参考价：3000元（中品）—6000元（上品）

十二、高民版（图410）CB-410

特　征：高民、细水汉、露肩华、点国无点民

经纬线DNA：63-63　39-41

重　量：21.5克

参考价：3000元（中品）—6000元（上品）

十三、反鳖足版（图411）CB-411

特　征：反鳖足、大帽军、点国无点民

经纬线DNA：65-64　43-43

重　量：26.2克

参考价：2500元（中品）—5000元（上品）

十四、三笔华版（图412）CB-412

特　征：三笔华、拐点银、民国无点、圆头汉、低银

经纬线DNA：43-43　30-30

重　量：21.6克

参考价：1500元（中品）—3000元（上品）

（二十五）国民无点版

一、厂废模版

（一）描边版

1、全图描边版（图413）CB-413

特　征：全图描边、断中花、国民无点

经纬线DNA：42-43　28-28

重　量：25.2克

参考价：2000元（中品）—4000元（上品）

2、实点年版（图414）CB-414

 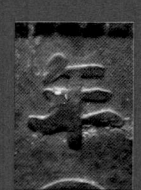 

特　征：实点年、大部描边、国民无点

经纬线DNA：47-46　31-31

重　量：24.0克

参考价：2000元（中品）—4000元（上品）

（二）玉版

1、扁口壹版（图415）CB-415

 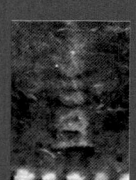 

特　征：扁口壹、国民无点

经纬线DNA：44-45　30-30

重　量：24.6克

参考价：1000元（中品）—2000元（上品）

2、上粘点年版（图416）CB-416

特　征：上粘点年、国民无点
经纬线DNA：？-？　？-？
重　量：24.2克
参考价：500元（中品）—1000元（上品）

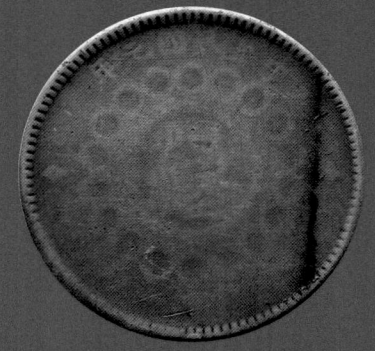
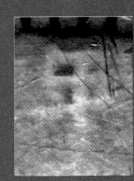

（三）熔版（图417）CB-417

特　征：熔版、厂版模、国民无点
经纬线DNA：51-53　31-31
重　量：23.3克
参考价：500元（中品）—1000元（上品）

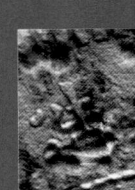

二、一日环（千里江陵一日还）版（图418）CB-418

特　征：一日环、两点银、国民无点
经纬线DNA：52-52　31-31
重　量：23.8克
参考价：2000元（中品）—4000元（上品）

三、高民版（图419）CB-419

特　　征：高民、低银、开口汉、国民无点、仿向造

经纬线DNA：55-56　37-37

重　　量：20.8克

参考价：300元（中品）—600元（上品）

四、工汉版（图420）CB-420

特　　征：工汉、低银、滑底造、分点银、小点金、国民无点

经纬线DNA：54-53　38-37

重　　量：21.8克

参考价：2000元（中品）—4000元（上品）

五、高腰元版（图421）CB-421

特　　征：高腰元、五须、长臂币、无头巾、国民无点

经纬线DNA：53-54　36-36

重　　量：22.3克

参考价：2000元（中品）—4000元（上品）

六、连日银版（图422）CB-422

特　　征：连日银、连国连年、苦笑造、国民无点

经纬线DNA：45-46　30-30

重　　量：24.5克

参 考 价：2000元（中品）—4000元（上品）

七、灵芝银版（图423）CB-423

特　　征：灵芝银、连府、方头汉、国民无点、包壳

经纬线DNA：?-?　43-42

重　　量：22.8克

参 考 价：1000元（中品）—2000元（上品）

八、三连币版（图424）CB-424

特　　征：三连币、顶中、长银、国民无点、包壳

经纬线DNA：50-51　40-41

重　　量：24.8克

参 考 价：1200元（中品）—2400元（上品）

九、仿散中花（双凤朝阳中花）版（图425）CB-425

特　征：双鸟朝阳中花、仿散中花、国民无点

经纬线DNA：51-50　35-34

重　量：25.1克

参考价：3000元（中品）—6000元（上品）

十、卧点年版（图426）CB-426

特　征：卧点年、走之造、国民无点

经纬线DNA：60-62　42-41

重　量：21.9克

参考价：1500元（中品）—3000元（上品）

十一、折元版（图427）CB-427

特　征：折元、无头巾、国民无点、包壳

经纬线DNA：50-52　33-31

重　量：22.6克

参考价：1000元（中品）—2000元（上品）

十二、看似包壳的非包壳版（图428）CB-428

特　征：包壳的泡、深验银槽、高银成色、国民无点

经纬线DNA：？-？　？-？

重　量：23.1克

参考价：1000元（中品）—2000元（上品）

十三、竖点四版（图429）CB-429

特　征：竖点四、验银槽、厚包壳、国民无点

经纬线DNA：47-47　33-33

重　量：23.9克

参考价：1000元（中品）—2000元（上品）

十四、T国版（图430）CB-430

特　征：T国、国民无点

经纬线DNA：57-57　37-38

重　量：22.9克

参考价：1000元（中品）—2000元（上品）

(二十六)铜银币版

一、超低银版

（一）竖点年版（图431）CB-431

特　征：竖点年、长正、点国无点民

经纬线DNA：53-52　34-34

重　量：23.4克

参考价：10000元（中品）—20000元（上品）

（二）9壹版（图432）CB-432

特　征：9壹、吊脚汉、国民无点

经纬线DNA：41-42　30-30

重　量：24.2克

参考价：1200元（中品）—2400元（上品）

二、白铜版

（一）告造版（图433）CB-433

特　征：告造、双飞汉、点国无点民

经纬线DNA：53-52　34-34

重　量：23.7克

参考价：4000元（中品）—8000元（上品）

（二）短水汉版（图434）CB-434

特　征：短水汉、双飞汉、翘民、猴脸中花、点国无点民
经纬线DNA：45-47　27-27
重　量：23.9克
参考价：6000元（中品）—12000元（上品）

（三）封口币版（图435）CB-435

特　征：封口币、双飞汉、点国无点民
经纬线DNA：43-42　27-27
重　量：24.8克
参考价：2000元（中品）—4000元（上品）

（四）短二须版（图436）CB-436

特　征：短二须、方头汉、粘点年、粘点国、告造、点国无点民
经纬线DNA：69-68　44-42
重　量：22.2克
参考价：6000元（中品）—12000元（上品）

（五）长二须版（图437）CB-437

特　征：长二须、方头汉、厂点年、告造、点国无点民

经纬线DNA：64-65　40-36

重　量：24.1克

参考价：6000元（中品）—12000元（上品）

三、改刻版

（一）元年壹圆版（图438）CB-438

特　征：斜壹圆、元年、告造、镀银、点国点民

经纬线DNA：63-61　41-41

重　量：20.1克

参考价：700元（中品）—1400元（上品）

（二）二年圆壹版（图439）CB-439

特　征：圆壹、竖点年、二年、点国点民

经纬线DNA：62-61　43-42

重　量：20.3克

参考价：700元（中品）—1400元（上品）

（三）二年壹圆版（图440）CB-440

特　征：壹圆、竖点年、二年、镀银、点国点民

经纬线DNA：38-40　26-25

重　量：20.3克

参考价：700元（中品）—1400元（上品）

四、铜样版

（一）中方头版（图441）CB-441

特　征：中方头、点国无点民

经纬线DNA：61-60　40-41

重　量：21.9克

参考价：7000元（中品）—14000元（上品）

（二）国民无点版（图442）CB-442

特　征：国民无点初版（最低纬线）；1928-1930年邓锡侯主蓉厂时期陈离的民国无点版（无钩府、出头金、断中花、斜币、矛头汉）：◯□中小中字版

经纬线DNA：42-42　26-26

重　量：21.4克

参考价：7000元（中品）—14000元（上品）

五、仿告造版（图443）CB-443

特　征：仿告造、竖点年、熔环、点国点民

经纬线DNA：39-36　27-26

重　量：22.8克

参考价：6000元（中品）—12000元（上品）

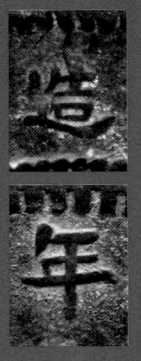

六、镀银版（图444）CB-444

特　征：镀银、民国无点

经纬线DNA：43-44　29-29

重　量：18.2克

参考价：700元（中品）—1400元（上品）

七、仿大点金版（存疑）（图445）CB-445

特　征：仿大点金正面、国民无点背面

经纬线DNA：?-?　25-25?

重　量：17.0克

参考价：300元（中品）—600元（上品）

八、镀铬版（图446）CB-446

特　征：镀铬、点国点民

经纬线DNA：63-68　40-39

重　量：24.7克

参考价：800元（中品）—1600元（上品）

（二十七）苏区仿币版
川陕省苏维埃政府造币厂

一、手工红军风格版——1933年初期
（一模一币版）

（一）小方头版（图447）CB-447

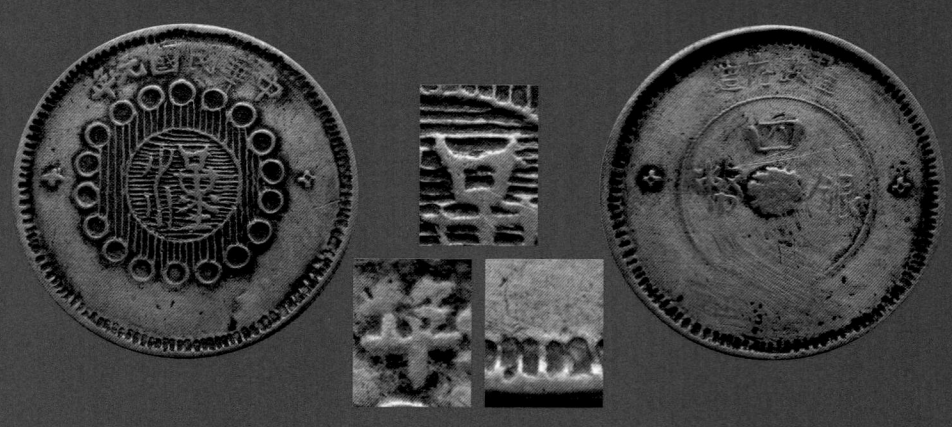

特　征：小方头、竖点年、小圈、混经纬、大直径41以上、平头银、斜边齿、低经纬、国民无点

经纬线DNA：25-26　23-23

重　量：22.0克

参考价：10000元（中品）—20000元（上品）

（二）大圆头版（图349）CB-349

 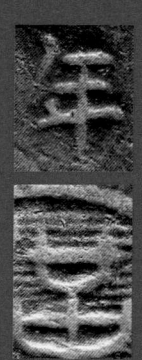 

特　征：大圆头、竖点年、小圈、龟版中花、大直径41以上、平头银、斜边齿、低经纬、点民无点国

经纬线DNA：33-34　22-24

重　量：25.0克

参考价：10000元（中品）—20000元（上品）

（三）小圆头版（图448）CB-448

 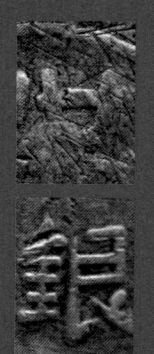 

特　征：小圆头、竖点年、小圈、龟版中花、平头银、稀斜边齿、低经纬、国民无点

经纬线DNA：40-39　?-?

重　量：24.8克

参考价：2000元（中品）—4000元（上品）

二、巴中版——1933年晚期仿田颂尧版（图7）CB-7

特　征：羊角汉、竖点年、红军风格环、手工经纬、仿川北分水汉、倒中花、斜边齿、国民无点

经纬线DNA：41（42）-41（42）　29-29

重　量：24.6克

参考价：20000元（中品）—40000元（上品）

三、川陕省造币厂版

（一）西寺版

1、横点年版（图449）CB-449

特　征：横点年、红军风格环、熔环、大中花、斜边齿、点国无点民

经纬线DNA：56-59　36-36

重　量：24.0克

参考价：6000元（中品）—12000元（上品）

2、竖点年版（图450）CB-450

特　征：竖点年、红军风格环、熔环、大中花、斜边齿、点国无点民

经纬线DNA：60-58　34-38

重　量：26.2克

参考价：6000元（中品）—12000元（上品）

3、长城（蘑菇点年）版（图451）CB-451

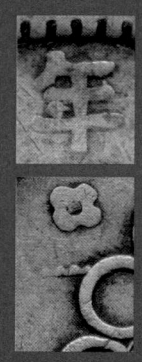

特　征：蘑菇点年、长城版、红军风格环、熔环、大中花、斜边齿、点国无点民

经纬线DNA：58-58　36-37

重　量：25.1克

参考价：6000元（中品）—12000元（上品）

4、超点年版（图452）CB-452

特　征：超点年、布纹、探头汉、拉丝纹、大中花、斜边齿、民国无点

经纬线DNA：60-60　37-39

重　量：24.7克

参考价：15000元（中品）—30000元（上品）

（二）得汉城坡版

1、早期版银锭点年（仿大散中花）

（1）两点告造版（图453）CB-453

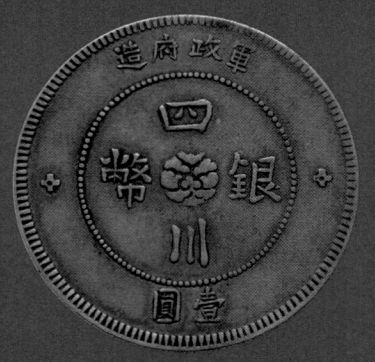

特　征：两点告造、银锭点年、仿大散中花、模裂、熔环、大散花、斜边齿、国民无点

经纬线DNA：45-44　28-26

重　量：27.7克

参考价：10000元（中品）—20000元（上品）

（2）扁口告造版（图454）CB-454

 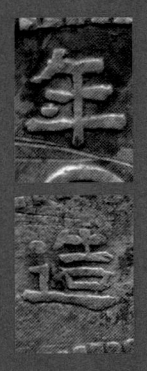 

特　征：扁口告造、银锭点年、仿大散中花、模裂、熔环、大散花、斜边齿、国民无点

经纬线DNA：44-43　28-25

重　量：26.2克

参考价：10000元（中品）—20000元（上品）

（3）牛口造版（图455）CB-455

特　征：牛口造、银锭点年、仿大散中花、模裂、红军风格环、大散花、熔环、斜边齿、国民无点

经纬线DNA：43-42　28-25

重　量：25.2克

参考价：5000元（中品）—10000元（上品）

2、中期版

（1）短竖点年大散花版（过渡版）（图456）CB-456

 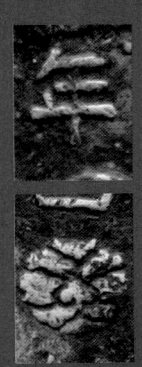 

特　征：正面短竖点年、背面早期版仿散中花、熔环、斜边齿、国民无点

经纬线DNA：62-65　39-42

重　量：24.7克

参考价：7000元（中品）—14000元（上品）

（2）短竖点年短飘银版（图457）CB-457

 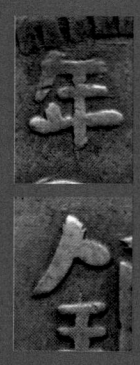 

特　　征：短竖点年、短飘银、牛口造、大方头、熔环、原光、斜边齿、国民无点

经纬线DNA：57-58　37-38

重　　量：24.8克

参考价：7000元（中品）—14000元（上品）

（3）中竖点年短飘银版（图458）CB-458

 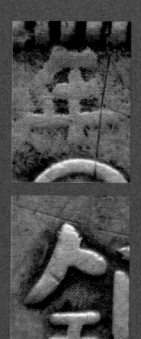 

特　　征：短飘银、中竖点年、小方头、右肩中、牛口造、熔环、斜边齿、国民无点

经纬线DNA：64-65　36-38

重　　量：24.8克

参考价：6000元（中品）—12000元（上品）

（4）中竖点年大点银版（图459）CB-459

 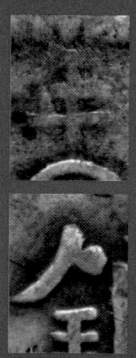 

特　　征：中竖点年、大点银、小方头、牛口造、熔环、斜边齿、国民无点

经纬线DNA：57-58　37-38

重　　量：25.5克

参考价：6000元（中品）—12000元（上品）

（5）长竖点年大点银版（图460）CB-460

特　征：大点银、长竖点年、小方头、右肩中、牛口造、加点政、斜边齿、国民无点

经纬线DNA：57-59　37-40

重　量：26.7克

参考价：10000元（中品）—20000元（上品）

（6）长竖点年短飘银版（图461）CB-461

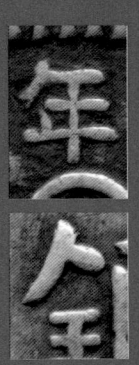

特　征：长竖点年、短飘银、大方头、牛口造、加点政、斜边齿、国民无点

经纬线DNA：61-63　40-41

重　量：24.3克

参考价：7000元（中品）—15000元（上品）

（7）长竖点年厚边版（图462）CB-462

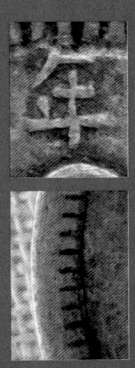

特　征：长竖点年、短飘银、厚边、小方头、告造、斜边齿、国民无点、大中花

经纬线DNA：57-58　36-37

重　量：24.4克

参考价：7000元（中品）—15000元（上品）

（8）长竖点年告造版（图463）CB-463

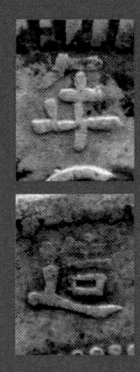

特　征：长竖点年、告造、尖头银、斜边齿、国民无点、大中花

经纬线DNA：57-59　36-39

重　量：24.2克

参考价：7000元（中品）—15000元（上品）

（9）超长竖点年告造版（图464）CB-464

特　征：超长竖点年、告造、尖头银、斜边齿、国民无点、洋葱中花

经纬线DNA：58-59　37-38

重　量：25.7克

参考价：7000元（中品）—15000元（上品）

（10）长竖点年洋葱中花版（图465）CB-465

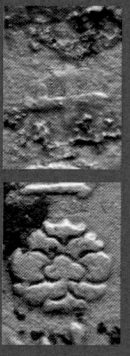

特　征：长竖点年、洋葱中花、短飘银、平头银、斜边齿、国民无点

经纬线DNA：57-58　41-40

重　量：25.6克

参考价：3000元（中品）—10000元（上品）

（11）长竖点年洋葱中花锡币版（图466）CB-466

 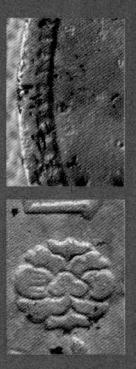 

特　征：锡质、长竖点年、洋葱中花、短飘银、平头银、斜边齿、国民无点

经纬线DNA：57-58　41-40

重　量：26.1克

参考价：10000元（中品）—20000元（上品）

（12）砖点年洋葱中花版（图467）CB-467

 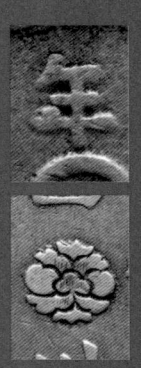 

特　征：砖点年、洋葱中花、短飘银、尖头银、斜边齿、国民无点

经纬线DNA：45-45　29-29

重　量：25.8克

参考价：8000元（中品）—16000元（上品）

（13）过渡版（图468）CB-468

特　征：兵工厂版正面、洋葱中花背面

经纬线DNA：49-48　29-30

重　量：26.1克

参考价：8000元（中品）—16000元（上品）

3、兵工厂连齿圆（仿大中花）版

（1）大中花版（图469）CB-469

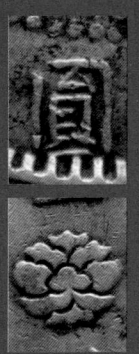

特　征：大字银、连齿圆、竖点年、仿大中花、熔环、斜边齿、国民无点

经纬线DNA：50-49　28-27

重　量：24.4克

参考价：6000元（中品）—12000元（上品）

（2）大中花包壳版（图470）CB-470

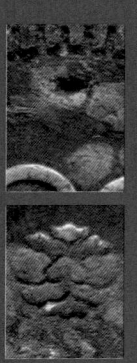

特　征：连齿圆、竖点年、仿大中花、熔环、斜边齿、币材缺损、包壳?

经纬线DNA：49-48　29-28

重　量：24.7克

参考价：6000元（中品）—12000元（上品）

4、后期版

（1）斜点年大字银版（图471）CB-471

特　征：斜点年、大字银、三须、熔环、斜边齿、薄型、国民无点

经纬线DNA：45-45　29-29

重　量：24.1克

参考价：10000元（中品）—20000元（上品）

（2）斜点年小字银版（图472）CB-472

特　征：斜点年、小字银、三须、熔环、斜边齿、国民无点

经纬线DNA：49-52　32-31

重　量：25.8克

参考价：8000元（中品）—16000元（上品）

（三）旺苍版19圈版（图8）CB-8

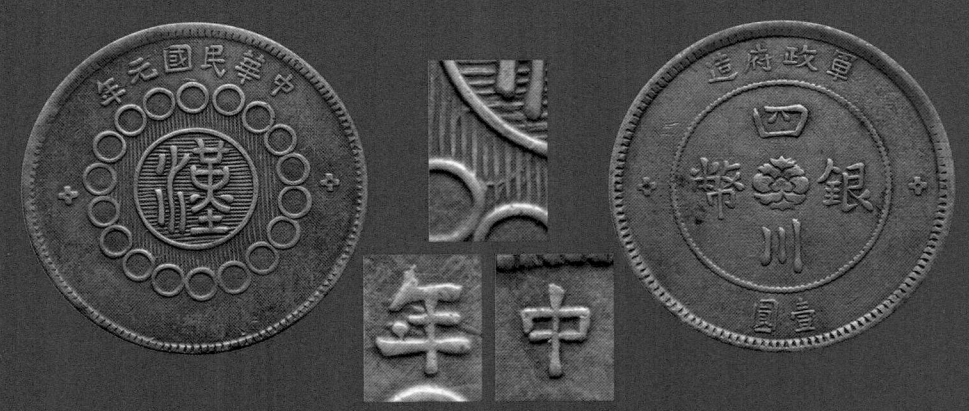

特　征：19圈、开口中、气球点年、熔环、洋葱中花、斜边齿、告造、国民无点

经纬线DNA：50-52　32-31

重　量：24.7克

参考价：70000元（中品）—100000元（上品）

川陕省苏维埃政府造币厂

红军铸造银圆是有基础的。首先，在鄂豫皖苏区的时候，红军就铸造过壹圆银币，西征来川陕苏区时，将铸币技术带来四川。其次，红军通过历次战争缴获了许多军阀的造币厂，有了生产银圆的设备和经验。

一、缴获的镇巴县造币厂

（1）1931年至1932年，盘踞陕南的大土匪王三春从孙蔚如、赵寿山处得到汉中造币厂钱模，先后在镇巴县县衙西院和县城后山安然梁设造币厂，用收购的废铜和手摇机伪造"陕西省造"二分铜圆。行使于镇巴及附近区县。因与孙、赵造币厂同模，所以市面文字无异，难分真伪。只是王造币厂为手工打制，工匠水平和铜质不定，多数钱币厚薄不一，币面文字多模糊不清，不够正规。1933年1月23日红军解放镇巴，击毁其所设兵工厂和造币厂，将其机器运回川陕苏区。

（2）《川陕革命根据地货币史》（中国金融出版社2003年版）101页：1933年1月23日，红军第34团解放镇巴，毁其所设兵工厂和造币厂，缴获了部分造币机器。

（3）《川陕革命根据地镇巴苏区大事记（初稿）》2页：1933年5月中旬，红军第34团攻打土匪王三春部，缴获了制造铜元的机器和一些铜料，由陕南红花坪游击队和赤卫军运至通江县城。

二、缴获的巴中造币厂

（1）《巴中县金融志》（巴中县金融志办公室编1987年8月版）75页记载：四川防区时期，各军阀收熔优质铜元制造武器，以致铜元奇缺，各军阀一面在各自防区内滥铸劣质铜元，另一方面下令禁止铜元出境。民国十三年川西北军阀田颂尧派团长董长安驻守巴中，拨一台制造铜元的机器，令其制造铜元。厂址东岳庙（20世纪80年代的巴中县酒厂）。厂长刘寿川，工匠曹成五等。他们收买劣质铜元和制钱为原料，铸成小一百和小二百铜元。愈铸愈差，又薄又小，百姓不愿使用。刘寿川去职后，商人李子镛接办，把"旗旗铜圆"划成两半，通称"夹夹铜圆"，在市面流通。

（2）《达县地区金融志》（西南财经大学出版社2004年3月版）63、74页记载：民国十七年田颂尧29军税梯青旅驻巴中，在城区东岳庙设立造币厂，熔毁制钱和小额铜元，先造民国二年双旗大二百铜元，后造民国十五年花瓣小二百铜元和梅花铜元。不管董长安还是税梯青，都是田颂尧部。1933年红军入川占领巴中后，使用缴获的军阀董长安的巴中造币厂铜元机器制造红军币。

（3）巴中川陕革命根据地博物馆中统计的川陕苏区造币厂有3个，分别在赤北县、赤江县和巴中县，位于巴中县的这个造币厂就是刘寿川任厂长的巴中造币厂。由于这个造币厂先于刘存厚达县造币厂被缴获，也可能就是这个造币厂生产制造了1933年红军镰刀斧头苏币。

《川陕省苏维埃政府工农银行》（四川省社会科学院出版社1984年12月版）200页记载：红军打下达县前就有造币厂，规模不大。

（4）《川陕省苏维埃政府工农银行》四川省社会科学院出版社（1984年12月版）209页"巴中铸币工人到通江的经过"一文记载：

1928年即民国十七年前后，国民党的29军军长、四川军阀田颂尧手下，有个旅长叫税梯青，当时驻扎在巴中县城。他们在东岳庙地方，占庙办厂，搞起一个铜元厂，买回机器，招了工人，先造民国二年双旗的大当二百文铜元，后造民国十五年花瓣版小当二百铜元，因办理不得法，没有赚得多少钱。造币厂的领工刘少清、屈清和等都顶过这个厂，由他们包下来，每月给厂长交点钱。但是办了三四年，都觉得油水不大，红军进巴中前一年，即1931年前后，就停办了。工人都出去自谋生路，如刘元保、巫显忠到了汉中，1934年才回来。厂里的机器，大件的从东岳庙搬到文庙堆起，零件码在东岳庙附近的一间屋子里。

红军是1933年初到巴中县城的。红军到达时，还有十几二十名造币厂的工人是失业的，如吴文新、唐至孝、彭汤元、陈清河等，听说红军在通江办造币厂，大家都想去工作。红军同意大家推举原来领工屈清和为代表与红军供给部联系，带上全部工人从巴中到了通江，住在离县城很近的塞家山的大庙里即著名的西寺大庙。不久，开会决定派一部分人由一个姓刘的同志负责回巴中搬机器到通江，派一个代表到南充去洽购铜元模子。

这说明苏区造币厂有巴中造币厂的机器和技术，而且有南充铜元局的模子风格，也说明巴中造币厂制造的钱币与红军的风格非常接近。

田颂尧的防区很大部分是原来的甘军驻川防区，甘军著名的币是沙版百文铜板。其标志性特征是18小圈，田颂尧的防区形成后，调拨制币机器，利用甘军留下的铸币技术，继续生产田颂尧防区银币。通过这个风格就容易找到以18小圈为特征的一系列田颂尧的防区银币。1933年红军占领田颂尧的防区的通南巴，自然利用这些资源为红军铸币。

三、缴获的营山造币厂

《川陕革命根据地货币史》（中国金融出版社2003年版）101—102页等记载：1933年9月在营渠

战役中缴获的杨森在营山的造币厂，铸造小200文熔铸币，并将全部物资从罗江口船运通江。

四、缴获的南部谢家河造币厂

（1）1933年8月，仪南战役后，在缴获的南部谢家河李家钰造币厂，红军就地刻模铸造大200文币，并接收了其下几十个工人和技术人员，将主要机器运回苏区。

（2）《南充金融志》（重庆大学出版社1994年版）33页记载：苏维埃南部县造币厂是缴获军阀李家钰的，队伍驻谢家河，红军将李家钰造币厂留下的几十个工人、管理人员和机器、铜利用起来，做模子，压制镰刀斧头二百文铜元。

五、缴获的达县造币厂

（1）《川陕革命根据地货币史》（中国金融出版社2003年）102页等记载：1933年10月，红军取得了宣达战役的胜利，于10月20日攻克达县，缴获了全部造币厂和兵工厂设备共计138台机床和大型机器。其中，属造币设备的有：英、德、日造的大圆车、碾片机、压冲坯机、制模机、滚边机、摇光机、印花机、银炉、磨光工具等等，另有铜砖800余块（每块45～50公斤）、杂铜1万多公斤；熔铜的焦炭1万多公斤等原料。除了体积巨大笨重的内燃机无法搬动外，其余造币机器全部都搬到了通江城郊鹦哥嘴西寺大庙中。造币厂的主要技术人员逃散，经过红军各级政工人员反复动员和高薪聘用，有136人陆续随红军达到川陕苏区，参加造币厂工作，同时召集了一批在南部、营山、巴中、镇巴、城口、南江原来干过造币的工人。

（2）《达县地区金融志》（2004年版）10页记载：民国十七年（1928），川陕边防督办刘存厚在达县密设造币厂，仿铸"十八圈川版"银币和"小二百文"铜元。

同书63页记载：民国十七年驻达川陕边防督办刘存厚密设造币厂，仿铸小二百文铜元，川版、袁头银元，质量较劣。

（3）《达县县志》记载：1926年，驻军刘存厚在罗江口秘密设立造币厂，将大200铜元改铸小200铜元，小钱、50文以下铜元铸尽。同时，减成色铸造劣质川版银圆，在辖区内强行流通。后造币厂迁宣汉南坝场，其下属师长魏声华继续私铸劣质半圆银币，流通当地。

（4）政协四川达县市委1986年《刘存厚在达县》85—91页记载：刘存厚的兵工厂，是原达县靖国军颜德基1919年所建。地址在城北三圣宫和桑树院之间沿城墙一带，面积600亩。机器设备：车床四台（日造1、英造3）、刨床一台（日造）、零式钻床一台、拉线机一台、滚边机两台、内燃机一台。其中日造车床机身长1丈2尺（英制），明治年制。生产枪弹，也兼制银元、铜元。

苏区版四川银圆

苏区版军政府四川银圆有手工版、巴中版、川陕省造币厂版三种大版式。

川陕省造币厂版又分为西寺版、得汉城坡版、兵工厂版、旺苍版。

手工版主要是红军初制之品，一币一版。特点：竖点年、小圈、低经纬、混经纬、大直径41以上、平头银、斜边齿。

巴中版是试制版，风格近于川北分水汉，反中花。

川陕省造币厂版是主要币版，主要有如下几种：

一、西寺版

1933年11月18日，川陕省造币厂在通江城郊鹦哥嘴西寺大庙正式成立，厂长由郑义斋兼任，先后由汤仕富、刘奇、许世名和李某等具体负责。下设生产股、制模股、修理股、管理股、生活管理股等五个机构。生产股负责铜、银币的生产，股长由厂负责人李某兼任；制模股负责银铜币版模的设计制造，由袁老师负责；修理股负责机器的维修与零件的配制，由吴先群负责；管理股负责保管原材料及上缴生产成品，由陈元清负责；生活管理排主办厂内伙食，由李事务长和1个姓黄的负责。厂内机器中，有碾片机、宰片机、印花机、滚边机、摇光机等多种。铸币的原材料，一是战争缴获，尤以宣达战役中缴获为多；二是对地主、富农、资本家的财物没收与征发；三是群众的捐献和在工农银行的兑换。原材料中有银砖、银锭、手饰、旧币及银、铜器皿。一经回炉，都可铸成币。

银币厂除生产镰刀斧头式的壹圆银币，专供苏区使用外，还仿制白区银圆3种，即袁大头（袁世凯像）、孙小头（孙中山像）、川版（苏区版军政府四川银圆）。拉丝纹、布纹是苏区银币和铜币的重要特征，这种痕迹来源于压片机和币模。这是生产工艺上的无意识行为，我们通过这个线索很容易找到红军版军政府四川银圆。1933年10月，开始在西寺大庙生产。

二、得汉城坡版

1934年1月，红军反六路围攻已经进行了2个月了，红军紧缩阵地，刘湘的飞机经常轰炸通江。为安全计，红军将造币厂迁到了通江县城东苦草坝得汉城南门外半坡城坡里张家四合大院。时间从1934年1月下旬到1935年年初，近1年。在这段时间里，红军生产了大量红军版军政府四川银圆。由于生产地点都在城坡里，因此，我们称之谓城坡版。城坡版（1934年1月底—1935年初）实际生产时间为10个月。

得汉城坡版分为早期版、中期版、后期版和兵工厂版四种。

（一）、早期城坡版是红军独立制造银币的第一次尝试，生产的苏区版军政府四川银圆主要是在成都、重庆使用（在陕西使用的主要是红军版袁大头和孙小头，四川银圆在陕西是要打折的），而且一般是通过统战关系批量购买药品、无线电器材、盐、电池、细布、军火等。经过在敌国统区使用，发现了许多问题。由于军政府四川银圆都是低银，而且在1930年基本上都停止生产了。忽然间成渝地区出现了大宗高银新银圆，很容易引起军政府的注意。因此，1934年5月以后，苏区造币厂就停止生产早期城坡版，开始生产中期版。

（二）中期城坡版：中期城坡版不刻意追求含银量的高低，而在制模上更加注意细节的工艺处理，技术的提高使生产的质量也得到一定提高。因此，拉丝纹少了，模子裂纹和螺旋纹没有了。

苏区版军政府四川银圆的生产程序：

溶银（又叫铸板）：使用催催炉。拉箱2人，炉工2人，钩片打杂2人。将银熔化，铸成长方形的板，大约5分钟一次，一次10匹。负责人杨连升、何树文。

退火：将铸成的板，放炉内加热到一定程度，减去硬度，使银板变得软。

打片：冷工用铁锤将银板高低不平的地方打平便于碾片。

碾片：机器笨重需要8人搬动，喂片1人，接片2人，把长方形的银板碾成似带形的薄片，一片有一斤零五钱（16两的秤）。负责人为张家胜。

冲坯（又叫宰片）：搬动机器2人，喂料1人。将如带形的银片，冲出银圆的雏形。一张片冲10-15个，剩余的角料全上交管理股，再熔化铸片。负责人张冉。

滚边：将雏形银圆不平顺的边滚成整齐，一般工人都能操作，没设固定负责人员。

洗坯：先将滚边后的银圆放在一个3尺宽5尺长的、含镪水的池内浸泡，到一定时间，再放到木板上的孔内（一张木板20孔），用白布和细沙拭擦，把银圆上斑斑驳驳的痕迹洗去。此道工序多为学工和粗工操作。

冲字印花：机器似铁罗汉，重数百斤，要4人搬动，1人掌印模，2人喂料打杂。经此工序，银圆基本制成。负责人马荣同，是厂内工会委员长，威信很高。

淬火：将制成的银圆放在一小圆形机器内用手摇转，下置炉火，使银圆受热均匀并免受烟火污染。烧红后，再淬火。经此工序，银圆能发出清脆悦耳的声音。此道工序技术性强，过软过硬都不行。负责人为绥定人王定才。

再次洗尘：工序与洗胚同。经此道工序，洁白如雪的银圆便制成功。然后装箱交保管股，再转工农银行金库。

以上十道工序，分为四组：化银、铸片、退火、打片为一组，组长杨连声；碾片、冲坯、滚边为二组，组长张家胜；洗坯、冲字印花为三组，组长马荣同；淬火，再次洗尘（含装箱）为四组，组长王定才。在十道工序中，除碾片、印字印花工作4小时外，其余都工作8小时。一枚银圆经过溶银（6人）→退火加热（2人）→碾片（11人）→冲坯（4人）→滚边（2人）→洗坯（4人）→冲字印花（7人）→淬火洗尘（3人）→抛光（5人）就生产出来了。根据造币厂的工作人员回忆：溶银是2人鼓风、1人加焦碳、1人坠板、1人刷油、1人上水。

因机器磨损大，修理时间多，难以保证天天生产。1933年造币厂1天可生产银圆4百多个。后来1周能生产1400多个，在粉碎川军"六路围攻"中，造币厂开展劳动竞赛，产量不断提高。经常加班，有时在做好准备工作后，1天2夜就生产4500多个。

从1933年11月下旬投产到1934年底，共生产银圆约50万元。其中红军版军政府四川银圆占70%，38万枚左右。

银主要用的是缴获的四川10两银锭（仅巴中清江区就上缴1600锭）、散银和银首饰。碾片是将溶银冷却后形成的银板碾成50毫米宽、2.5毫米厚长短不一的薄片，以供生产。冲坯是用冲坯机将长的薄片冲成数个毛坯银圆。一般的滚边机只是将毛边滚光，没有滚边齿的功能。而苏区的滚边机是经过改装的，可以直接用滚边机将银圆边齿滚出，苏区造币厂有大小两种滚边机，因此苏区版军政府四川银圆也应该有两种边齿，大的边直、小的边斜。洗坯就是做旧，一般用镪水处理几天，使毛坯银圆做成银圆后看起来旧些。冲字印花就是用何洋洲设计的"铁罗汉"压机将钢模上的文字压印在半成品银坯上，制成银圆。淬火洗尘主要是使银币通过反复多次加热淬火，发出清脆悦耳的银声。抛光就是用自制的木质圆槽磨光机（器），配以木屑、细沙、水银，将银圆抛光。

中期城坡版的特点：1、竖点年；2、银成色不定，重量24.5—26.5克；3、有少量细拉丝纹；4、边花为十字花，内齿做工粗糙且形态不一，经常漏印一部分；5、背面的点环有大小不规则的圆点100-116粒；6、银圆中间凹凸不平，有的是中心凸边沿凹，有的是左边凸右边凹等等。为了展开对敌经济斗争，干扰敌人金融秩序，根据上级指示，造币厂还生产过包壳银圆。中期城坡版一直生产到1934年9月底反六路围攻胜利。

（三）、后期城坡版：1934年9月底反六路围攻胜利，红军得到了恢复和发展，苏区经济又活跃起来。后期城坡版的版式与以前的版式又有了一些变化。其特点：1、竖点年改为斜点年；2、"漢"字连水点要短一些（图29）；3、拉丝纹更少了，或呈同心圆状螺旋纹；4、背面的点环改为线环；5、银成色高，厚薄不一，最薄的仅2毫米，重量相对低了，24.5—25克。6、整体工艺还可以，有的还有类似重庆版的三须。后期城坡版一直生产到1934年底。

（四）、兵工厂版：红四方面军兵工厂位于罗坪，与红军造币厂一江之隔。兵工厂中有800斤的压片机、3台各重700斤的大圆车和100多台机床，此外，红军还有长赤禹王宫兵器厂、清江综合工厂、方面军总部军械修理厂、南江县造枪厂、石庙子兵器厂、正直兵器厂、陈家湾兵器厂等兵工厂，除长赤禹王宫兵器厂有小型压片机外，其他兵工厂均没有重型机械，故均没有参与生产银圆。1934年6月左右，万源保卫战到了最困难的时候，造币厂全力生产支援前线，时间紧、任务重，来不及冲字印花时，厂方便委托河对岸的苏区兵工厂冲印生产军政府四川银圆。由于是同时生产，只能重新制模。因此正面与中后期城坡版样式基本一样，更加接近早期城坡版的风格，而背面版别的风格却接近西寺版。兵工厂版的特点：1、竖点年，正面精美，"漢"字右上角第一横收笔向下，18圈环，5、6点处圆环有双弧线，"华"字第三竖为双细线，边花为十字。2、银成色不高，重量24.5—25克左右；3、背面"圆"字与边齿连接，边齿10点处无齿，边花为圆花，背面的点环有大小不规则的圆点100粒；6、银圆中间凹凸不平。兵工厂版的生产时间应该靠前些。

三、旺苍版

1935年1月，川陕省苏区造币厂从通江迁到了旺苍县旺苍坝黄洋乡槛槽沟五峰桂花村几个大院内。在搬迁过程中，就地埋下了一部分笨重的大机器。由于军情紧急，造币厂一边安装机具一边生产。特别是2月后，由于要为红军西征（长征）准备军费，故以铸造红军版四川银圆为主。造币厂采用三班轮流作业，共生产4月（实际满负荷生产30天），共计生产银圆2万枚、铜币1万枚。旺苍版的特点：1、竖点年、斜点年改为气球点年（如同气球形状）；2、"漢"字7点处有一个细圈，大小如同18小圈；3、拉丝纹多了些，还可以看到短粗的拉丝纹；4、背面的点环改为线环；5、边花为十字，银成色不高，重量24—25克。6、内齿成多形性，同一面内齿有线形、三角形、长条形、梯形、斜形、锄头形，或有两种，或有三四种，一般有漏印。

1935年4月，造币厂迁往江油中坝，过嘉陵江时，由于造币设备不便搬运，用20匹马从桂花村运至旺苍，全部沉于旺苍坝东河的亭子沱数十米的深渊。造币厂从此停止造金属币，其中也包括苏区版军政府四川银圆。1935年4月21日，敌人唐式遵部占领苍溪，封锁嘉陵江，至此占领整个川陕苏区。1935年9月18日，国民党四川省政府转发蒋介石成都行营令："限将苏维埃钞票在1月内全部烧毁，将苏维埃银圆以6折、铜币以5折，在3个月内收买完毕。"

苏区版的用途：主要是购买大额大宗物质。在根据地内，主要使用镰刀斧头高成色银币和铜币。而在根据地外则必须使用敌区的货币，根据红军与杨虎城的"巴山秘密协定"，红军在陕南建立了3条地下交通站，主要购买医药、无线电设备等。由于陕南流通袁大头和孙中山小头银圆，川版银圆要打折，故苏区版并不用在陕西。根据考证，苏区版主要用在根据地的边缘区，例如购买粮食主要是嘉陵江西的以江油、绵阳为中心川西北产粮区，购买布匹、地图、电池则是在成都、重庆地区，在交战区及其附近是不太可能进行贸易的。而以旺苍版苏区军政府四川银圆为主的红军银圆跟随红四方面军主力参加长征，少部分用在江油中坝地区，一部分支援了中央红军（《彭德怀自述》中第200页记载：张国焘派秘书黄超来亦念慰问红3军团首长，送来几斤牛肉大米和两三百元银洋），剩余的用在了藏区。其他版别的苏区版军政府四川银圆则大部分留在了成渝两地。虽然经过国民党的回收，大部分苏区版军政府四川银圆由于其特殊的伪装，却隐蔽潜伏下来了，直到现在被人们发现。从目前分布的数量上看，成渝达为四五一开，即成（都）四成、渝（重庆）五成、达（州）一成。

根据1984年四川社科院出版社的《川陕省苏维埃政府工农银行》记载，1934–1935年2月，川陕省造币厂的银圆日产量（并非指整个铜银币日总产量）为700–800枚。红军在川陕省有28个月（1933年1月–1935年4月），其中只有1933年11月–1934年4月才有银币印花机，根据记载1933年11月–1934年4月川陕省造币厂共计生产50万银圆，而整个川陕省造币厂只有1台银币印花机，以之计算，每天平均产量为700–800枚，每月产量为2.1–2.4万枚，18个月产量为37.8–43.2万枚，与历史记载的50万枚还是有出入的，这可能与工人经常加班提高了产量有关。川陕省造币厂的极限是多少呢？按照记载最高产量是1天2夜生产4500枚，即每小时生产125枚，平均每分钟为2–3枚。为了进一步核实"每分钟为2–3枚"的正确性，我们又按照18个月50万枚再计算，每月平均产量为27777枚，每天平均产量为926–1068枚，每小时产量为92–133枚，每分钟还是2–3枚。由于红军造币厂没有使用内燃机作为动力，而是采用4人搬动机器、1人掌模、2人放银圆的半机械工作模式，生产量最大极限也只有每分钟2–3枚，要达到银圆日产量700–800枚需要4–7个小时时间。需要更多就必须加班，如1935年长征前三班倒加班生产的3万枚银铜币（银2万、铜1万），每天平均产量为1000枚。

这就是半机械工作模式（包括许多军阀造币厂）的生产能力，即每台每分钟2–3枚。

苏区版军政府四川银圆由于出现的时间只有17个月，批量生产的也不多，每个银圆之间都存在一定的联系，往往是第一个银圆的正面与第二个银圆的正面完全一样，而第二个银圆的背面又与第三个银圆的背面完全一样，第三个银圆的正面与第四个银圆的正面又完全一样。因此，推算苏区版军政府四川银圆的版别和他们之间的关系并不是十分困难的。

至于红军渡过嘉陵江后有没有制造银圆这个问题，目前有许多争论。在江油、平武的党史中有记载，红军曾经在中坝北街、青川青溪北门外、平通任家坪陈国龙家生产过银币。由于没有实物验证，也不知道是什么银币。另外，1935年10月红四方面军发动天芦名雅邛大战役，红32军罗炳辉部曾经占领刘文辉汉源富林21天，是否占领造币厂以及是否造币，尚不明确，有待以后进一步研究。

苏区版军政府四川银圆虽然穿着国民党的外衣，有着四川军阀的"军衔"。却是由红军制造的，为红军筹措物质、购买武器弹药、发展苏区经济的正义事业，为苏维埃根据地的发展、为人民军队的壮大做出了不可磨灭的贡献。

《红军第四方面军和鄂豫皖边区、川陕边区史料》第227页记载：川陕工农银行和造币厂，银币日出千枚，铜币数目更大。规模不小，贡献更大。这在苏维埃政府的财政收入和开支上占有重要的位置。

《川陕革命根据地博物馆资料》第6卷155页："访问通江碧溪原造币厂工人王开一记录"：1934年开始制造银币。这个厂有工人136人，一天平均造铜元500多个，银圆400多个。

(二十八)湘鄂川黔版

湘鄂川黔版（图473）CB-473

特　征：开胸汉、粗字、熔环、方头汉、竖点年、告造、菊花中花、粗拉丝纹、民国无点、点边花、成色高、41MM直径

经纬线DNA：56-55 42-41

重　量：25.7克

参考价：6000元（中品）—12000元（上品）

民国无点版银币是1928年4月后问世的，仿民国无点版银币的时间自然也应该不会早于1928年4月。关于湘鄂川黔边铸币情况，鄂西、湘西及川黔边的地方志、金融志有非常多的记载。综合起来有以下特点：

1、绝大多数是以铜币为主，仿四川军政府汉字铜币，时间从1918年开始到1925年。

开胸汉（汉字口中的横与两边的弧形不相连）是其他主要特征，菊花中花是另外又一个特征之一，点边花是第三个特征。

2、地方政府主持下的造币厂有恩施造币厂、利川铜币厂等等，更多的还是各个县乡镇的地方实力派的土著小造币厂。正规造币厂为了适应银本位制度，多多少少都要生产一些高品质的银币。但是这些银币应该是仿点国点民版或者是点国无点民版，因为1925年前没有民国无点版。

3、湘鄂川黔边铸币非常普遍，造币技术资源非常丰富。有记载的有：刘凤阶在恩施梓洞巷张王庙、刘青臣在来凤禹王宫、张瑞鲮在咸丰甲马池、蒋菽藩在咸丰忠堡小黑洞、杨益之在咸丰石板堡羊角洞、小村绅士朱某某在穿洞、忠堡地痞田某在风洞、忠塘吴某在京竹盖、靖国军牟鸿勋在利川城郊岩洞寺、唐克明在建始朝阳街川主宫等等。

4、各个主政势力在这地区的驻地面积比较模糊。军队有靖国军唐克明部（1917-1921）、湖北督军王占元部（1921）、四川军阀刘湘部（1921-1922）、四川军阀杨森部（1922）、贵州军阀袁祖铭部（1923）、直系军阀吴佩孚部（1923-1924）、四川军阀刘湘部（1925）、四川军阀杨森部（1926-1927）、贵州军阀李燊部（1928）、四川军阀刘湘部（1929）、红军（1930-1933）等等。

从时间上看，能够铸造出符合湘鄂川黔版的风格银币的时间段只能是1928年后的这些日子，这些时间中只有贵州军阀李燊部（1928年）、四川军阀刘湘部（1929年）、红军（1930年-1933年）能够符合。这些军队中，李燊部、刘湘部都是服从蒋介石政府的，驻扎湘鄂川黔边都是奉命调驻，他们的军饷均来自蒋介石。就算要铸币，贵州军阀李燊部驻扎鄂西也不会用川版风格铸，四川军阀刘湘部造币也应该用重庆版而不是用这种风格的币。因此，这种风格极有可能是红军铸造。

红军湘鄂边苏区、巴兴秭荆当远苏区、湘鄂西苏区、湘鄂川黔苏区都在这一区域中，只是时间上先后不同。从1928年后民国无点版诞生到1935年银本位取消，只有湘鄂边和湘鄂川黔苏区在这个时间段上。1930年湘鄂边红军建立了桑植、鹤峰、五峰、长阳等苏区，颁发"一串文"票券，年底以一串银元比例兑付。1931年3月成立鹤峰县苏维埃银行，袁建章主持工作，发行一元、五角券和五百文、二百文、一百文铜币券。在县最大商号"姚厚记"进行货币兑现。1932年5月川军攻入鹤峰，银行行长袁建章牺牲，苏维埃银行撤离，苏币停止流通。1932年12月，经军重新收复鹤峰，重新恢复县苏维埃银行，继续兑换券币。1933年底撤出湘鄂边。1933年红三军占领四川酉阳、黔江，1934年占领湖北利川、四川彭水、贵州沿河、湖南大庸，缴获了利川县城郊岩洞寺原靖国军1918年设立的铜币厂和这一地区的其他造币作坊。1934年10月红二、六军团会师后，成立了湘鄂川黔苏区。根据地完全可以利用这一区域的造币资源进行造币生产，当然仿国民党地方版可能主要是购买敌方物资和武器。由于该地区主要是川军势力范围，因此必须模仿民国无点川版以适应这一地区川版主币的特征。

红军川版的特征在这种币上都有不同程度的体现：手工版的大直径41MM、竖点年、粗拉丝纹、熔环、方头汉、成色高等等。

（二十九）厂版（补充）
成都造币厂

一、点国点民版

（一）告造无内齿版（图474）CB-474

特　征：告造、无内齿

经纬线DNA：45-42　33-33

重　量：25.7克

参考价：1000元（中品）—2000元（上品）

（二）告造财政部印戳版（图475）CB-475

特　征：告造、财政部印戳；董修武案财政部查案印戳，该币与民国二年川版经纬线46-4133-31差1，民国二年川版就是在这枚币基础上继续生产的。风格非常接近

经纬线DNA：45-41　33-31

重　量：25.5克

参考价：1500元（中品）—3000元（上品）

（三）实口壹版（图476）CB-476

特　征：实口壹、加点圆

经纬线DNA：66-66　43-43

重　量：25.9克

参考价：1000元（中品）—2000元（上品）

二、过渡三版　点国点民版
——点国无点民版过渡

（一）隐点民版（图477）CB-477

特　征：隐点民、竖头汉（歪头汉）；1917年7月-11月周道刚主川时期竖头汉隐点民版

经纬线：65-65　47-47

重　量：25.7克

参考价：1500元（中品）—3000元（上品）

（二）霸王汉版（图478）CB-478

特　征：霸王汉、鼓肚、竖头汉（歪头汉）1917年12月8日—1918年2月20日刘存厚集团主川时期的竖头汉（厂版霸王汉）版；

经纬线：69-65　45-45

重　量：26克

参考价：2000元（中品）—4000元（上品）

（三）中方头（过渡）版（图479）CB-479

特　征：中方头、点国点民；1918年2月20日熊克武集团主川时期生产的点国点民方头汉版，随后改为点国无点民方头汉。

经纬线DNA：62-64　41-41

重　量：25.9克

参考价：1500元（中品）—3000元（上品）

三、点国无点民版

（一）出肩中版（图480）CB-480

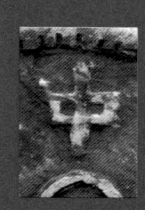

特　征：出肩中、小方头复打
经纬线DNA：59-59　38-38
重　量：24.6克
参考价：1000元（中品）—
　　　　2000元（上品）

（二）加长版大方头（图481）CB-481

特　征：加长大方头、小点金
经纬线DNA：63-63　38-39
重　量：25.7克
参考价：1500元（中品）—
　　　　3000元（上品）

（三）囚点年版（图482）CB-482

特　征：囚点年、小点金
经纬线DNA：47-48　30-30
重　量：25.7克
参考价：1500元（中品）—
　　　　3000元（上品）

（四）缺口造版（图483）CB-483

特　征：缺口造、小点金
经纬线DNA：53-54　33-33
重　量：25.6克
参考价：1500元（中品）—
　　　　3000元（上品）

（五）实口造版（图484）CB-484

特　征：缺口造、小点金
经纬线DNA：65-63　40-40
重　量：25.9克
参考价：1500元（中品）—
　　　　3000元（上品）

（六）渝民版（图485）CB-485

特　征：渝民、小点金
经纬线DNA：49-49　32-32
重　量：25.7克
参考价：1000元（中品）—
　　　　2000元（上品）

（七）大散花龅牙四版（图486）CB-486

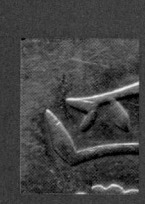

特　征：大散花、龅牙四、剥皮环

经纬线DNA：60-60　42-42

重　量：25.4克

参考价：1000元（中品）—2000元（上品）

（八）大散花竖点年左滑雪版（图487）CB-487

特　征：竖点年、左滑雪板壹、溶环

经纬线DNA：55-56　37-38

重　量：26.1克

参考价：1500元（中品）—3000元（上品）

（九）大散花竖点年右滑雪版（图488）CB-488

特　征：竖点年、右滑雪板壹、溶环

经纬线DNA：55-56　37-38

重　量：25.7克

参考价：1500元（中品）—3000元（上品）

（十）右上肩汉版（图489）CB-489

特　征：右上肩汉、斜头军

经纬线DNA：49-48　33-33

重　量：26.0克

参考价：1500元（中品）—3000元（上品）

（十一）右下肩汉版（图490）CB-490

特　征：右下肩汉、斜头军

经纬线DNA：49-49　34-34

重　量：25.9克

参考价：1500元（中品）—3000元（上品）

（十二）左厚帽汉版（军阀仿成都扁口造仿版）（图491）CB-491

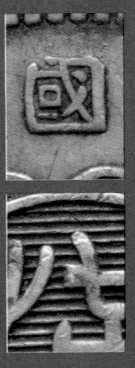

特　征：左厚帽汉、园口国、斜头军

经纬线DNA：48-47　32-32

重　量：25.9克

参考价：1500元（中品）—3000元（上品）

（十三）连横国版（图492）CB-492

特　征：连横国、蛇头银
经纬线DNA：51-51　34-34
重　量：26.1克
参考价：1500元（中品）—
3000元（上品）

（十四）银锭国版（图493）CB-493

特　征：银锭国、斜头军、
微点金
经纬线DNA：53-52　33-33
重　量：25.6克
参考价：1500元（中品）—
3000元（上品）

（十五）肥川仿版（图494）CB-494

特　征：肥川仿
经纬线DNA：48-48　33-33
重　量：25.6克
参考价：1500元（中品）—
3000元（上品）

（十六）两点造仿版（图495）CB-495

特　征：两点造仿、大中花，

经纬线DNA：51-51　36-36

重量：25.9克，

参考价：1000元（中品）—2000元（上品）

（十七）高水汉版（图496）CB-496

特　征：高水汉、点国无点民

经纬线DNA：48-48　30-31

重　量：25.4克

参考价：1500元（中品）—3000元（上品）

四、民国无点版

（一）高水汉版（图497）CB-497

特　征：高水汉、民国无点

经纬线DNA：48-48　29-29

重　量：25.8克

参考价：6000元（中品）—12000元（上品）

（二）下点年版（图498）CB-498

特　征：下点年、民国无点
经纬线DNA：51-53　31-31
重　量：25.8克
参考价：4000元（中品）—8000元（上品）

（三）上点年版（图499）CB-499

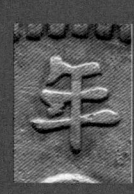

特　征：上点年、民国无点
经纬线DNA：48-49　27-28
重　量：25.6克
参考价：2000元（中品）—4000元（上品）

（四）一笔华版（图500）CB-500

特　征：一笔华、民国无点
经纬线DNA：39-40　26-26
重　量：25.9克
参考价：2000元（中品）—4000元（上品）

（五）一国两制版（图501）CB-501

特　征：一国两制（国中国）、民国无点

经纬线DNA：47-48　30-30

重　量：25.8克

参考价：1500元（中品）—3000元（上品）

（六）线环版（图502）CB-502

特　征：线环

经纬线DNA：44-45　29-29

重　量：25.7克

参考价：1500元（中品）—3000元（上品）

 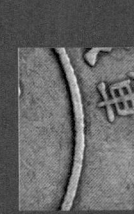 

（七）三须版（图503）CB-503

特　征：三须、民国无点

经纬线DNA：50-50　29-29

重　量：25.8克

参考价：1500元（中品）—3000元（上品）

 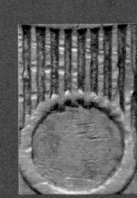 

五、混配版

（一）1928年面1916年背版（图504）CB-504

特　征：1928年面：民国无点的面、鹅头民、有齿汉、圆宝国，
1916年面：点国点民的背、小字版、尖头银、折头金
经纬线DNA：46-46　29-28
重　量：25.8克
参考价：6000元（中品）—12000元（上品）

（二）1917年面1918年背版（图505）CB-505

特　征：1917年面：点国点民的面、竖头汉（歪头汉），1918年面：点国无点民的背、肥歪四
经纬线DNA：66-65　44-44
重　量：25.6克
参考价：6000元（中品）—12000元（上品）

成都造币厂

1886年（光绪十二年）6月，四川总督鹿传霖奏请购机办厂，铸造制钱银圆。利用四川机器局空地，在局内设立四川银圆局，地址在成都东门内锐钯街1号。从美国新泽西州费尔瑞克特机器公司（Ferracute Machine Company）和费城造币厂订购了2套造币机器设备，1套是生产新式制钱的铜币制造厂设备和1套是银币制造厂设备，设计生产能力分别是日产25万枚铜币和15万枚银币，包括印花机、冲饼机、冲床、制模机、熔炉、退火炉、浇铸炉、轧片机、锅炉、传动配备机器，以及维修车间。中途停办。1901年（光绪二十七年）年，接任四川总督奎俊奏准复设。1902年（光绪二十八年）年四川总督岑春煊奏准在成都增设四川铜元局。1904年（光绪三十年），川督锡良奏启立案，添建厂房，购置机件，渐成规模，合并为四川银铜元总局。后四川银铜元总局改称四川户部造币分厂，同年又改为度支部造币蜀厂。1910年（宣统二年），将银铜两股合一，已拥有380匹马力的锅炉内燃机3座，印花机已超过60台，再改厂名为成都造币厂。

民国元年后生产川版。

（三十）现代真银假币版

一、点国点民竖头汉版（图506）CB-560

特　征：点国点民、竖头汉、同模伤

经纬线DNA：65-66　45-45

重　量：25.6克

参考价：150元

二、点国无点民复川版（图507）CB-507

特　征：点民无点国、复川

经纬线DNA：59-60　36-36

重　量：25.6克

参考价：150元

三、点国无点民囚点年版（图508）CB-508

特　征：点民无点国、囚点年

经纬线DNA：47-48　30-30

重　量：26.1克

参考价：150元

四、民国无点四小天鹅版（图509）CB-509

特　征：民国无点、6点位置四小天鹅

经纬线DNA：46-46　29-29

重　量：25.9克

参考价：150元

五、厂版背大点金（图510）CB-510

特　征：正面厂版、背面大点金

经纬线DNA：42-42　26-26

重　量：27.2克

参考价：150元

六、大点金背厂版（图511）CB-511

特　征：正面大点金、背面厂版

经纬线DNA：62-62　42-42

重　量：25.6克

参考价：150元

四

造币厂

一、成都造币厂

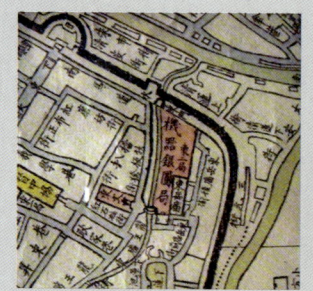

二、重庆铜元局

三、赤水造币厂

四、红军得汉城城坡造币厂

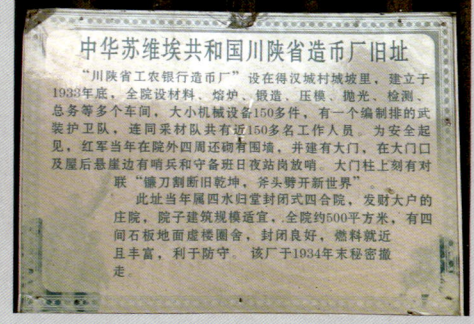

五、红军西寺造币厂

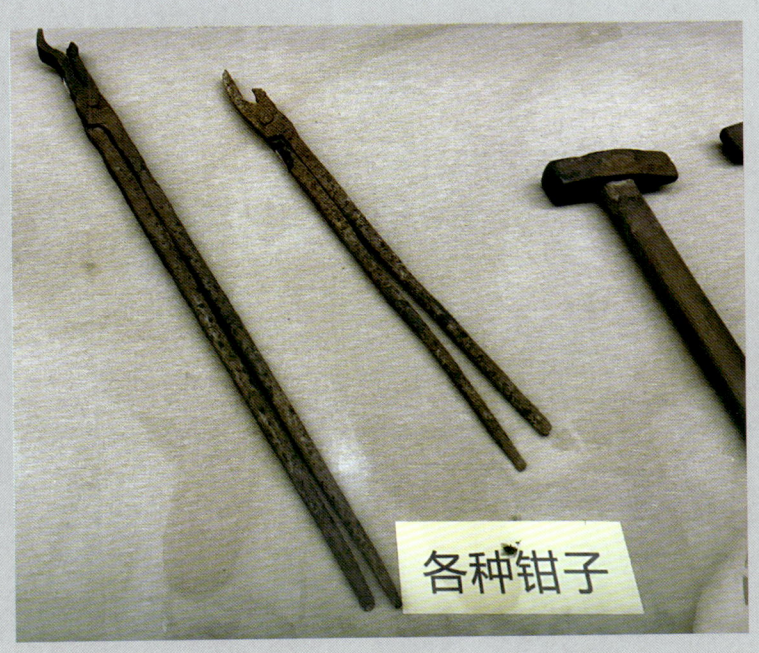

各种钳子

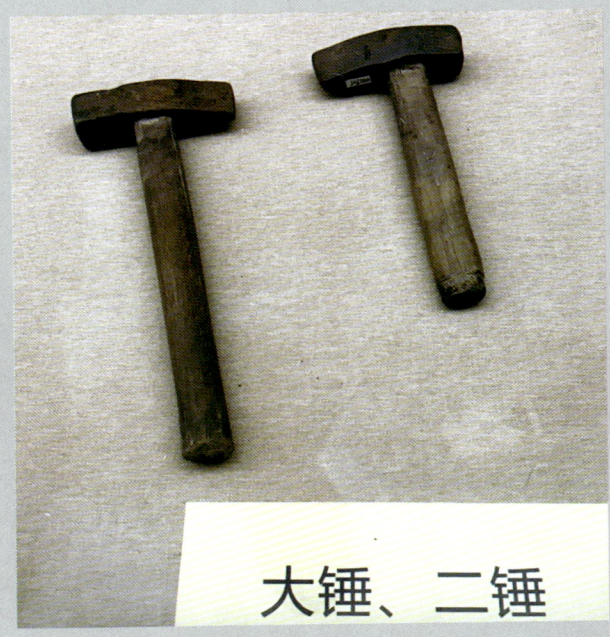

大锤、二锤

六、红军旺苍造币厂

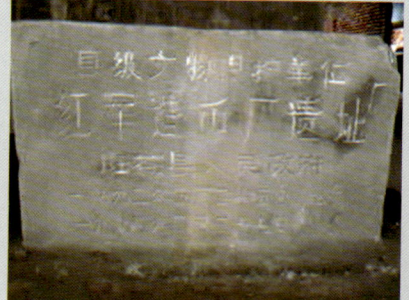

七、红军任家坪造币厂

八、合江造币厂

九、合川造币厂

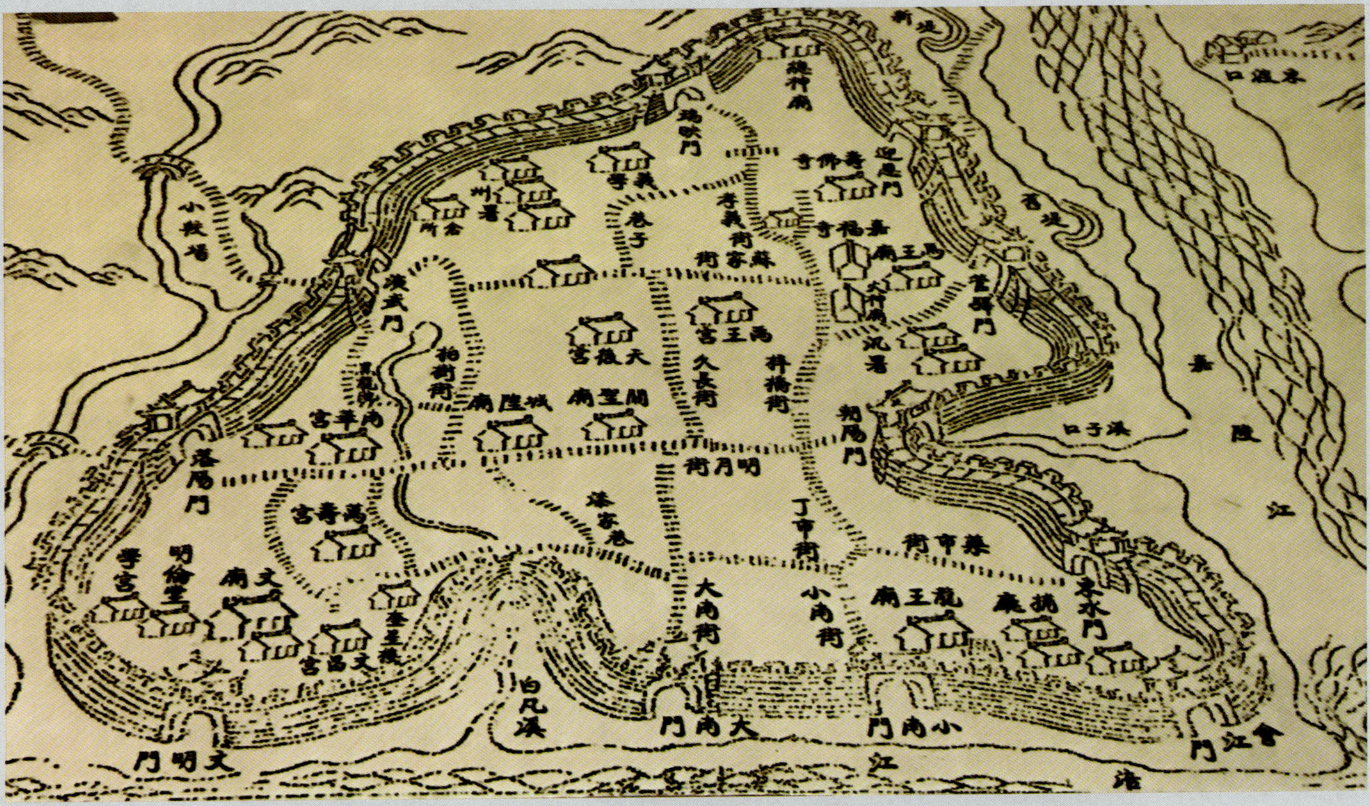

十、大良城造币厂

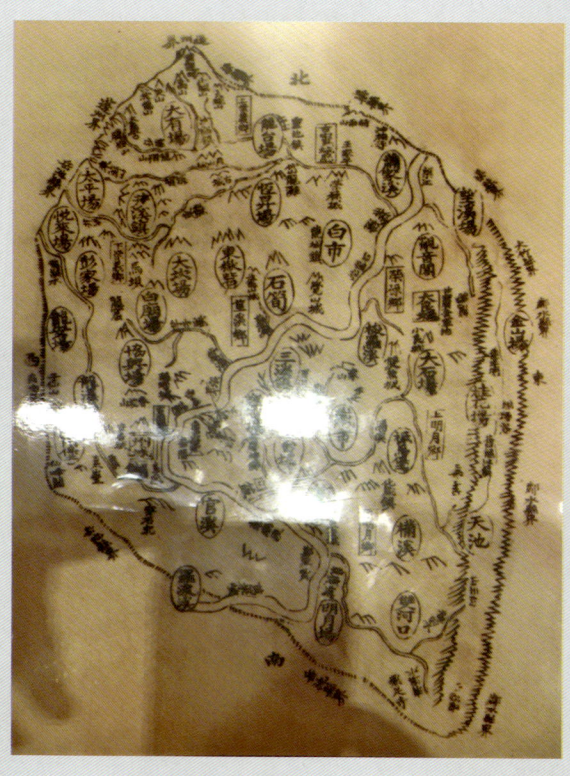

十一、其他造币厂

参考资料

1. 《四川军阀史》四川人民出版社1991年版;
2. 《川陕革命根据地货币史》中国金融出版社2003年版;
3. 《四川省志·金融志》中国辞书出版社1996年版;
4. 安岳文史资料选集《陈离纪念集》第25辑政协四川省安岳县委员会文史资料研究委员会1990年12月;
5. 《四川文史资料选辑》中国人民政协会议四川省委员会1965年16辑;
6. 《川陕革命根据地财政经济史料选编》四川省社会科学院出版社1987年6月版;
7. 《川陕省苏维埃政府工农银行》四川省社会科学院出版社1984年12月版;
8. 《西南军阀史研究丛刊》第2辑四川人民出版社1982年版;
9. 《四川军阀史料》第5辑四川省文史研究馆四川人民出版社1988年版;
10. 《湖南省志》第16卷金融志湖南出版社1995年版;
11. 《武汉市志·金融志》武汉大学出版社1989年版;
12. 《川陕革命根据地南江斗争史》中共党史出版社1991年版;
13. 《巴中县金融志》巴中县金融志办公室1987年版;
14. 《西充县金融志》西充县金融志编纂小组1990年版;
15. 《潼南县金融志》四川省潼南县地方志丛书之三十七1987年版;
16. 《广元县金融志》广元县金融志领导小组1988年版;
17. 《内江地区金融志》内江地区金融志编纂委员会1998年版四川大学出版社;
18. 《成都市志·金融志》成都市地方金融志编纂委员会2000年版四川辞书出版社;
19. 南充金融志编纂室《南充金融志》重庆大学出版社1994年版;
20. 川陕革命根据地博物馆《川陕苏区历史研究》1984年2集、1985年2集、1986年1集、1987年1集、1988年1集、1989年2集、1990年1集、1990年2集、1991年1集、1991年2集、1992年1集、1999年、2009年、川陕革命根据地博物馆历史研究会成立大会会刊;
21. 《江陵县金融志》中国地质大学出版社1993年版;
22. 《自贡市金融志》自贡市金融志编纂委员会1992年版四川辞书出版社;
23. 《乐山市金融志》上篇(1911—1949)乐山市工商银行营业部1985年;

24. 《什邡县志·金融志》；

25. 陕西人民出版社《汉中金融志》2000年版；

26. 遂宁市金融志编纂办公室《遂宁市金融志》四川人民出版社2003年版；

27. 《川陕苏区研究资料整理与分析》西南交通大学出版社2014年版；

28. 《万县地区金融志》万县地区金融志编纂领导小组1992年版四川大学出版社；

29. 四川省合江县中学校校志（1910-2009）；

30. 《成都文史资料选编》1-11卷四川出版集团四川人民出版社2007年版；

31. 达县地区金融志编纂委员会《达县地区金融志》西南财经大学出版社2004年版；

32. 贵州省地方志编纂委员会《贵州省志·金融志》方志出版社1989年版；

33. 《赤水县志》贵州人民出版社1989年版；

34. 《重庆工商史料》重庆出版社1983年版第二辑；

35. 《四川军阀混战（1927-1934年）》四川省社会科学院出版社1984年版；

36. 《刘存厚在达县》中国人民政治协商会议四川省达县市委员会1986年版；

37. 民国成都《戊午周刊》（熊克武的机关刊物）9期26页、46期60页；

38. 《红四方面军在绵阳广元斗争纪实》四川省社会科学院出版社1986年10月版399页；

39. 《财政部四川造币分厂第一次报告》1915年成都造币厂；

40. 《四川历代铜币图录》四川大学出版社1987年版；

41. 《四川铜元研究》四川人民出版社；

42. 《中国铸造的十文铜元》上海人民出版社2005年版；

43. 《中国铜元分类研究》中华书局2006年版；

44. 《中国货币史》上海人民出版社1965年版；

45. 《西部金融》钱币研究增刊杂志1-4期；

46. 《中国收藏》钱币杂志1-13期；

47. 四川大学中文文史图书馆7楼资料室民国档案部分；

48. 《银圆鉴别法》上海大东书局1925年版；

49. 《中国银币辞典》浙江人民出版社1998年版；

50. 《近代史研究》1-7期中国社会科学院出版社；

51. 蒲龙著《川陕苏区钱币》四川大学出版社1996年版；

52. 中国人民银行（53）总银机私字第1418号文件；

53. 《银圆图说》列表中国人民银行1952年编印；

54. 《馆藏民国台湾档案汇编第二册》九州出版社、《馆藏民国台湾档案汇编第六册》、中国第二历史档案馆；

55. 《中央银行月报－中国金融号》90-98页；

56. 《四川近现代人物传》第1-6辑四川大学出版社1990年版；

57. 《四川辛亥革命史料》四川人民出版社1981年版；《文史拾遗》四川大学图书资料；

58. 《四川历代政区治地今释》上下册四川省哲学社会科学研究所1978年版；

59. 《成渝铁路今昔记》四川人民出版社1999年版18-20页；

60. 《货币风潮》中国文史出版社2004年版379-402页；

61. 《国民党历史上的158个军》解放军出版社2007年版128-168页；

62. 《中国近代史词典》上海辞书出版社1982年版647附录4页；

63. 《成都文史资料选辑1》中国人民政协会议四川省成都市委员会984年7辑、1985年版第8辑；

64. 《中国硬币标准图录》北京出版社1991年版；

65. 《K金银饰》吉林出版集团有限责任公司2008年版；

66. 民国四川银行档案；成都市银钱业同业公会档案；

67. 《迷惘的诸侯》陕西人民出版社；

68. 《当代中国印钞造币志》（上中下册）中国金融出版社2006年版；

69. 重庆长江电工厂厂史；重庆铜元局局务记事；重庆铜元局民国八年报告书；

70. 《文史资料选辑》75辑文史资料出版社1981年政协文史资料研究委员会；

71. 财政部四川造币分厂民国元年报告书；

72. 民国重庆新康报、新西北日报、康导月刊、西蜀新闻、民视日报民国十二－二十三年部分；

73. 《四川近百年大事记》四川省志编辑委员会；

74. 民国四川省政府政务报告民国十五年部分；

75. 《财务月刊》民国川康边务督办公署重庆民国十五年1-5期；

76. 《成都文史资料》3辑政协成都文史资料研究委员会1988年；

77. 《四川文史资料选辑》41辑政协四川文史资料研究委员会1979年；

78. 《四川文史资料选辑》41辑政协四川文史资料研究委员会1993年；

79. 《四川军阀史料》第2辑四川省哲学社会科学研究所1981年；

80. 1991年12月北川县文史资料选辑第8辑；

81. 成都《国民公报》民国十二年11月10日、十六年4月13日、十八年1月6—12日；

82. 汉口《银行》杂志10月民国十四年；

83. 成都《川政评论》杂志1月民国十四年；

84. 重庆《新新日报》4月24日期民国十五年；

85. 成都《民视日报》民国十七年1月10日、6月9日；

86. 《中国地方志集成》巴蜀出版社1992年版四川府县志69集有关"食货志"、"钱制"、"币制"、"大事记"等等部分；

87. 《民立报》辛亥10月25日；重庆《新蜀报》民国二十四年6月4日；

88. 《四川近代纸币图录》四川大学出版社1994年；

89. 成都《四川日报》民国二十四年10月24日；

90. 《通江舆地词典》中共通江县委党史工委办公室1984年；

91. 《川陕革命根据地历史长编》四川人民出版社1982年；

92. 《文史资料选辑》33期刘文辉《走向人民阵营的历史道路》；甘绩镛《解放前四十年之四川财政》；《少城文史资料》6辑政协成都青羊区委员会学习文史委员会1994年；

93. 《四川近现代人物传》第一、二辑四川省社会科学院出版社1985年版；

94. 《红军在青川》中共青川县委党史工作委员会办公室编1984年版98页；

95. 《红军在平武》平武县委党史办1986年；《红军在江油》江油县委党史办1987年；

96. 四川省文史研究馆《民国四川军阀实录》1—3辑四川人民出版社2011年1月；

97. 《中国工农红军川滇黔边区游击纵队斗争史》云南人民出版社1985年；

98. 《中国货币理论史》上册中国金融出版社1986年4月；

99. 《中国工农红军第四方面军战史资料选编（川陕时期下）》解放军出版社1993年；

100. 《合江县志》之《金融志》、《遂宁市志》巴蜀书社1984年、《巫溪县志》、《巫溪县金融志》、《巴县金融志》（1911—1985）、《永川县金融志》（1911—1988）、《合川县志》、《江津县志》、《开县志》、《巴中县志》、《彭水县志》、《潼南县志》、《铜梁县志》（1911—1985）、《奉节县志》、《黔江县志》、《万县志》、《石柱县志》、《大足县志》、《江北县志》、《云阳县志》、《垫江县志》、《璧山县志》、《长寿县志》、《丰都县志》、《城口县志》、《綦江县志》、《荣昌县志》、《巫山县志》、《梁平县志》、《秀山县志》、《永川县志》、《绵阳县金融志》、《峨眉山县志》、《金堂县志》、《江油县志》、《平武县志》、《平武县金融志》、《三台县志》、《三台县金融志》、《盐亭县志》、《青川县志》、《江油县志》、《中坝镇志》、《彰明县大事记》、《通江苏维埃志》、《广元县志》、《广元文物志》、《崇庆县志》、《梓潼县志》、《梓潼县财政志》、《甘南州志》上、《四川省金融志》等等。

后 记

《四川军政府壹圆银币版别图录》和本书（简称《川版》）是四川军政府壹圆银圆系列的一套书，前书侧重厂版、后者侧重军阀版。从1911年12月成都东校场清军哗变成都大乱开始，到1916年蔡锷护国军北伐入川为止以及从1917年刘存厚与罗佩金、戴戡争夺四川领导权之战开始，到1934年刘湘与刘文辉争夺四川霸主为止，四川金融造币史一片混乱。前书涵盖了这22年中成都造币厂（国家允许的正规造币厂）中主要币种；后者主要介绍从1917年，到1934年为止的各个军阀造币。这两本书基本上涵盖了所有的四川军政府壹圆银圆，是研究地方史和民国史不可多得的重要资料。

本书以董修武告造版推翻清王朝的革命轰轰烈烈地开始，又以苏区旺苍版推翻国民党军阀的革命轰轰烈烈地结束，为四川军政府壹圆银圆画上了完美的句号。

川版时期，四川币制混乱，在防区制形成后达到顶峰。军阀各自为政，自委官吏，征收租税，犹如古代的诸侯国。六七巨酋，时敌时友，随和随战。不但四川军政府银圆不能出省使用，即使在四川省内各个防区之内也不流通，俨如独立的国家。军阀利用军阀川版大肆收刮民财，申汇狂涨，物价高居，四川人民因此深受其害，加上巨额的战争费用，直接的战争影响和各种苛捐杂税，川民已经苦不堪言。但是，作为硬通货的军政府壹圆银圆在整个军阀混战时期却直接和间接地阻止了四川地区的通货膨胀，实实在在地为四川人民做了些实事。我们可以想象，如果没有银圆压阵，市场上不知又是何等地混乱，物价不知又要在纸币面前飞涨多少百倍、千倍。从这点看，四川军政府壹圆银圆对当时的四川人民和四川经济是有一定贡献的。

《川版》中还有一部分是共产党和红军发行的，有红色基因。四川红军有番号的有：中国工农红军第四方面军（川陕红军）、中国工农红军四川第一路军（旷继勋混成第7旅遂宁起义军）、中国工农红军第26路军第1路（广汉第2混成旅广汉起义军）、川东游击军（王维舟33军）、川北民众救国义勇军（任伟章的平民军）、川康工农红军游击队（邛崃抗捐军）、川南红军游击队等等。这些红色军队都制作或者使用过红色川版。之外，顺（庆）泸（州）起义、江津起义、南溪农民暴动、绵竹农民起义、丰都农民武装暴动、万源固军坝起义、遂（宁）蓬（溪）起义、涪陵起义、虎（城）南（岳）太（平）龙（沙）农民起义、云阳工农武装起义、青神农民武装暴动都出现过革命的红色川版。另外，重庆莲花池党部，大革命时期受朱德和陈毅领导的万县杨森20军在万县惨案时期，四川工人运动和农民运动的各个工会和农民协会也铸造或使用过红色川版。我们现在正在进一步组织资料，准备在不久的将来出版《红色川版》。

　　本书是在广大收藏者朋友的共同努力中诞生的，其中许多名称都直接源于网友的爱称，如"萝卜四""驼峰壹""蹩足圆""肥川"等等。因此同时再次鸣谢为之作出贡献的知名和不知名的全体《川版》朋友们！本书尚有许多不尽如人意的地方，希望广大《川版》朋友们斧正，也希望在未来的修订版中进一步完善。

图书在版编目（CIP）数据

川版：四川军政府壹圆银币研究／蔡宁、岳军主编．—成都：巴蜀书社，2020.5
ISBN 978-7-5531-1222-0

Ⅰ．①九… Ⅱ．①蔡… ②岳… Ⅲ．①银币（考古）–研究–四川–民国 Ⅳ．①K875.64

中国版本图书馆CIP数据核字（2019）第234165号

川版：四川军政府壹圆银币研究
CHUANBAN SICHUAN JUNZHENGFU YIYUAN YINBI YANJIU

主编 蔡 宁 岳 军

责任编辑	童际鹏
封面设计	原创动力设计
版式设计	陈勇
出　版	巴蜀书社
	成都市槐树街2号　邮编610031
	总编室电话：（028）86259397
网　址	www.bsbook.com
发　行	巴蜀书社
	发行科电话：（028）86259422　86259423
经　销	新华书店
印　刷	成都市金雅迪彩色印刷有限公司
版　次	2020年5月第1版
印　次	2020年5月第1次印刷
成品尺寸	210mm×285mm
印　张	19.25
字　数	300千
书　号	ISBN 978-7-5531-1222-0
定　价	390.00元

本书如有印装质量问题，请与发行科联系调换